A ARTE de ter RAZÃO

A ARTE DE TER RAZÃO E OUTROS ENSAIOS

1ª edição: Agosto 2024

Autor:
Arthur Schopenhauer

Tradução:
Willians Glauber

Preparação:
Elisabete Franczak Branco

Revisão:
Debora Capella
Gabrielle Carvalho

Projeto gráfico:
Luisa Tavares

Capa:
Dimitry Uziel

DADOS INTERNACIONAIS DE CATALOGAÇÃO NA PUBLICAÇÃO (CIP)

Schopenhauer, Arthur
A arte de ter razão e outros ensaios / Arthur Schopenhauer ; tradução de Willians Glauber. — Porto Alegre : Citadel, 2024.
192 p.

ISBN 978-65-5047-507-9
Título original: The Essays of Arthur Schopenhauer; the Art of Controversy

1. Filosofia I. Título II. Glauber, Willians

24-3596 CDD - 100

Angélica Ilacqua - Bibliotecária - CRB-8/7057

Produção editorial e distribuição:

CITADEL Grupo Editorial
contato@citadel.com.br
www.citadel.com.br

Arthur Schopenhauer

A Arte de ter Razão

E outros ensaios

38 ESTRATÉGIAS PARA VENCER QUALQUER DISCUSSÃO

Tradução Willians Glauber

TEMPORALIS
2024

SUMÁRIO

PREFÁCIO

Este livro que está agora diante de você, leitor, é uma adição tardia a uma série na qual houve um esforço de apresentar os escritos secundários de Schopenhauer da forma mais adequada.

O conteúdo é extraído inteiramente dos textos póstumos de Schopenhauer. Cerca de três ou quatro anos depois de sua morte, uma seleção de textos foi apresentada ao mundo pelo executor literário[1] e amigo de Schopenhauer, Julius Frauenstädt, que justamente por esse em questão e outros ofícios piedosos recebeu menos reconhecimento do que merecia. Os artigos publicados na época foram recentemente publicados com acréscimos e correções consideráveis por Dr. Eduard Grisebach, que também merece gratidão pelo cuidado com o qual seguiu o texto dos manuscritos, hoje arquivado na Biblioteca Real de Berlim; e por ter chamado a atenção, ainda que em termos que se revelam desnecessariamente severos, para uma série de falhas por parte do editor anterior.

O fato de que todas as obras de Schopenhauer, complementadas por inúmeras cartas, agora podem ser obtidas

1. Pessoa responsável pela publicação póstuma dos escritos de um escritor falecido. (N.E.)

em determinada coleção da melhor literatura nacional e estrangeira, exibida em quase todas as livrarias da Alemanha, é prova suficiente de que, no próprio país dele, a popularidade do escritor ainda é muito grande; e a demanda por traduções indica que a sua fama não diminuiu no exterior. Logo, a benevolência com que a nova edição dos artigos póstumos dele foi recebida me induz a retomar uma tarefa que há cinco anos pensei ter finalmente concluído; tenho a intenção de lançar mais um volume, com base em parte de alguns desses textos e em parte do *Parerga*, livro de autoria dele.

Uma pequena parte do ensaio sobre *A arte de ter razão* foi publicada quando Schopenhauer ainda estava vivo, no capítulo do *Parerga* intitulado *Zur Logik und Dialektik*. O leitor sagaz descobrirá que boa parte do conteúdo dele é de caráter irônico. Já no que diz respeito aos últimos três ensaios, preciso observar que omiti as passagens que parecem não ser mais de interesse geral ou mesmo inadequadas. Também devo confessar que tomei uma ou duas liberdades criativas quanto aos títulos, a fim de que possam cumprir de forma mais efetiva o propósito para o qual os títulos existem. Em relação a outros aspectos, aderi ao original com o tipo de fidelidade que tem o intuito de gerar uma impressão que se assemelhe o máximo possível àquela produzida pelo original.

T. Bailey Saunders (tradutor original)

Fevereiro de 1896

A ARTE DE TER RAZÃO

PRELIMINARMENTE:
LÓGICA E DIALÉTICA

De acordo com os antigos, as palavras Lógica e Dialética eram usadas como termos sinônimos; ainda que os termos gregos *logizesthai*, "pensar, considerar, calcular", e *dialegesthai*, "conversar", sejam duas coisas muito distintas.

Como nos informa Diógenes Laércio, a palavra Dialética foi usada pela primeira vez por Platão; em *Fedro, O sofista, A república*, livro VII, e em outros lugares, descobrimos que, por Dialética, ele quer falar sobre o emprego regular da razão e a habilidade na prática dela. Aristóteles também usa a palavra nesse mesmo sentido; porém, de acordo com Lorenzo Valla, ele foi o primeiro a usar Lógica também de uma forma parecida.[1] Portanto, Dialética parece ser uma palavra mais antiga do que Lógica. Cícero e Quintiliano usam essas duas palavras com o mesmo significado geral.[2]

---

1. Ele fala sobre *dyscherelai logicai* (do grego), ou seja, "pontos difíceis", *protasis logicae aporia logicae*.

2. Cícero em *Lucullo: Dialecticam inventam esse, veri et falsi quasi disceptatricem*. Tópicos, c. 2: *Stoici enim judicandi vias diligenter persecuti sunt, ea scientia, quam Dialecticen appellant*. Quint., livreto II, 12: *Itaque haec pars dialecticae, sive illam disputatricem dicere malimus*;

Esse uso de palavras e termos sinônimos perdurou da Idade Média até os tempos modernos; aliás, até os dias de hoje. Contudo, mais recentemente, e em particular por Kant, Dialética tem sido empregada com frequência em um sentido ruim, significando "a arte da controvérsia sofística"; logo, Lógica tem sido preferida, por se tratar da designação mais inocente. Entretanto, originalmente ambas as palavras significavam a mesma coisa; já nos últimos anos, voltaram a ser reconhecidas como sinônimos.

É uma pena o fato de que as palavras tenham sido usadas desde a Antiguidade e que eu não tenha a liberdade para distinguir os significados delas. Caso contrário, teria preferido definir Lógica (do grego, *logos*, "palavra" e "razão", que são inseparáveis) como "a ciência das leis do pensamento, isto é, do método da razão"; e Dialética (do grego, *dialegesthai*, "conversar", mas toda conversa comunica fatos ou opiniões, ou seja, é histórica ou deliberativa) como "a arte da disputa", no sentido moderno da palavra. Assim, fica claro que a Lógica aborda um assunto de caráter puramente *a priori*, que se mostra apartado em definição da experiência, isto é, as leis do pensamento, o processo da razão ou do *logos*, as leis; isso significa que a razão se dá quando ela é deixada restrita a si mesma e não impedida, como acontece no caso do pensamento solitário por parte

e com ele esta última palavra parece ser o equivalente em latim para Dialética. (Até então, de acordo com "*Petri Rami dialectica, Audomari Talaei praelectionibus illustrata*", 1569.)

de um ser racional que não pode ser enganado de forma alguma. Já a Dialética, ao contrário, trataria da relação entre dois seres racionais que, justamente por serem racionais, deveriam pensar em comum, mas que, no instante em que deixam de concordar como dois relógios marcando exatamente a mesma hora, criam uma querela ou disputa intelectual. Considerados seres puramente racionais, os indivíduos estariam necessariamente de acordo, sua variação decorre da diferença essencial à individualidade; em outras palavras, isso é extraído da experiência.

Por conseguinte, a Lógica enquanto ciência do pensamento, ou ciência do processo da razão pura, deveria ser construída *a priori*. Em sua maior parte, a Dialética só pode ser construída *a posteriori*; isto é, podemos aprender as suas regras por meio de um conhecimento experimental da perturbação que o pensamento puro sofre por conta da diferença de individualidade manifestada na relação entre dois seres racionais; além de isso ocorrer pelo conhecimento dos meios que aqueles em disputa adotam para compensar uns contra os outros o próprio pensamento individual, a fim de mostrar que é puro e objetivo. Afinal, a natureza humana é tamanha que, se A e B estão empenhados no ato de pensar em comum e estão comunicando as suas opiniões um ao outro sobre qualquer que seja o assunto, desde que não um mero fato da história, e A então percebe que os pensamentos de B sobre o mesmo assunto não são os mesmos que os dele, não começa revisando o próprio processo de pensamento, na intenção de descobrir qualquer erro que possa ter cometido; em vez disso, ele assume que o erro ocorreu por parte de B. Em outras palavras, o ser humano é obstinado por natureza; essa qualidade presente nele é acompanhada de determinados resultados, que são tratados no ramo do conhecimento que eu gostaria de chamar de Dialética; porém, a fim de evitar mal-entendidos, chamarei de Dialética controversa ou erística. Dessa forma, esse é o ramo do conhecimento que trata da obstinação natural do ser humano. Erística não passa de um nome mais sisudo para a mesma coisa.

A Dialética controversa é a arte de disputar, e de fazê-lo de tal forma de defesa, esteja alguém certo ou errado, *per fas et nefas*.[3] Um ser humano pode estar objetivamente certo e ainda

---

3. Segundo Diógenes Laércio, V, 28, Aristóteles colocou a Retórica e a Dialética juntas, visando à persuasão (do grego, *to pithanon*); já a Analítica e a Filosofia ele juntou no intuito de obter a verdade. É verdade que Aristóteles define (1) Lógica, ou Analítica, como a teoria ou o método de chegar a conclusões verdadeiras ou apodíticas; e (2) Dialética como o método de chegar a conclusões aceitas ou que se passam por verdadeiras (do grego, *endoxa*), *probabilia*; conclusões essas em relação às quais não se tem certeza de que sejam falsas, nem que sejam verdadeiras em si mesmas, uma vez que esse não é o ponto principal. Logo, o que é isso senão a arte de ter razão, quer se tenha razão para isso ou não? E o que significa isso senão a arte de alcançar a aparência da verdade, independentemente da sua substância? Por consequência, é exatamente o que expus anteriormente. Aristóteles divide todas as conclusões em lógicas e dialéticas, da mesma maneira descrita, depois em erísticas. (3) *Erística* é o método por meio do qual a forma da conclusão é correta, mas as premissas, os materiais dos quais ela é extraída, não são verdadeiras, apenas parecem ser. Finalmente (4) *Sofístico* é o método no qual a forma da conclusão é falsa, embora pareça correta. Esses três últimos pertencem propriamente à arte da Dialética controversa porque não possuem nenhuma verdade objetiva em vista, apenas a aparência de ser algo verdadeiro, não prestam atenção à própria verdade; o que significa que o objetivo essen-

assim, aos olhos dos espectadores e às vezes aos próprios olhos, não se sair bem. Por exemplo, eu posso apresentar uma prova quanto a determinada afirmação e o meu adversário refutar essa prova; dessa forma, pode parecer que ele tenha refutado a afirmação, no entanto é possível haver outras provas para ela. E claro que nesse caso o meu adversário e eu trocamos de lugar: ainda que na verdade ele esteja errado, acaba se saindo melhor.

Se o leitor perguntar como isso acontece, a resposta é simplesmente o quão baixa a natureza humana é capaz de ser. Se ela não fosse vil, e sim totalmente honrada, não teríamos nenhum outro objetivo em cada debate que não fosse a descoberta da verdade; não devemos nos importar nem mesmo um pouco se a verdade provou ser a favor da opinião que inicialmente expressamos ou mesmo daquela expressa pelo nosso adversário. Não devemos considerar uma questão pertinente em momento algum, e ainda que tenha qualquer consequência, ela se mostra bastante secundária; entretanto, da forma como as coisas estão, essa é a principal preocupação. A nossa vaidade inata, particularmente sensível em relação aos nossos poderes intelectuais, não nos permitirá vir a admitir que a nossa primeira posição estava errada, e o nosso adversário, certo. A saída para tamanha dificuldade seria simplesmente se dar ao trabalho de sempre formar um julgamento correto. Para isso, seria preciso pensar antes de falar. Entretanto, na maioria

---

cial é a vitória. O livro de Aristóteles sobre *Conclusões sofísticas* foi editado separadamente dos outros, em uma data posterior. Foi o último livro da sua *Dialética*.

dos seres humanos, a vaidade inata vem acompanhada de loquacidade e desonestidade tão inatas quanto. Eles falam antes de pensar; mesmo depois percebendo que estão errados e que aquilo que afirmam é falso, querem que pareça o contrário. O interesse pela verdade, presumindo que esse tenha sido o único motivo quando afirmaram a proposição alegada como verdadeira, agora cede lugar aos interesses da vaidade; dessa forma, justamente por conta da vaidade, aquilo que é verdadeiro deve parecer falso, e o que é falso deve parecer verdadeiro.

Contudo, essa mesma desonestidade, essa persistência em uma proposição que parece falsa até para nós mesmos, tem algo a dizer a favor dela. Por diversas vezes acontece que começamos com a convicção forte quanto à verdade da nossa afirmação; entretanto, o argumento do nosso oponente parece refutá-la. Caso abandonemos a nossa posição de imediato, mais tarde poderemos descobrir que, no fim das contas, estávamos certos; a prova que então havíamos oferecido era falsa, no entanto havia uma para a nossa afirmação que era verdadeira. Naquele momento, o argumento que teria sido a nossa salvação não nos ocorrera. Logo, adotamos como regra atacar um contra-argumento, ainda que tudo indique que ele seja verdadeiro e convincente, na crença de que a sua verdade não passa de algo superficial, de que, ao longo do debate, outro argumento nos ocorrerá, por meio do qual podemos nos perturbar ou conseguir confirmar a verdade da nossa declaração. Dessa forma, somos quase que compelidos a nos tornar desonestos; seja como for, a tentação de fazê-lo é muito grande. É assim que a fraqueza do nosso intelecto e a perversidade da nossa vontade se apoiam mutuamente; e que geralmente um participante da disputa luta não pela verdade, mas por sua proposição, como se fosse uma batalha *pro aris et focis*. Ele começa a trabalhar *per fas et nefas*; como já vimos, ele não pode fazer o contrário com nenhuma facilidade. Então, via de regra, todo indivíduo insistirá na manutenção de tudo aquilo que disse, mesmo que no momento o considere falso ou duvidoso.[4]

Até certo ponto, toda pessoa se vê armada contra tal ocorrido dada sua própria astúcia e vilania. Ela aprende por meio da experiência diária e, dessa forma, passa então a ter a própria *Dialética natural*, assim como já possui a própria *Lógica natural*. Contudo, a sua Dialética não é um guia tão seguro quanto a sua Lógica. Para ninguém é tão fácil

---

4. Maquiavel recomenda em *O príncipe* que ele se aproveite de cada momento no qual o vizinho se mostre fraco, para assim atacá-lo; caso contrário, esse mesmo vizinho pode então fazer o mesmo. Se a honra e a fidelidade fossem valores prevalecentes no mundo, seria uma questão diferente; no entanto, como essas são qualidades que não devem ser esperadas de ninguém, o ser humano não deve praticá-las por conta própria, porque, como consequência, obterá algo ruim em retorno. É exatamente isso que acontece em uma disputa: caso eu admita que o meu oponente está certo, é dessa forma que ele parece estar, além de pouco provável que ele faça o mesmo quando tal posição for reversa; como ele age de forma errada, eu me sinto compelido a agir de forma errada também. É fácil afirmar que devemos ceder à verdade, sem qualquer preconceito em favor das nossas próprias afirmações; no entanto, não podemos presumir que o nosso oponente o fará, assim, por consequência também não podemos fazê-lo. E se eu abandonasse a posição sobre a qual antes tanto pensara, e dessa forma parecesse que ele estava certo, poderia facilmente ocorrer de eu estar enganado, dada uma impressão momentânea, e então desistisse da verdade a fim de aceitar um erro.

pensar ou fazer uma inferência contrária às leis da Lógica; julgamentos falsos são frequentes, enquanto conclusões falsas são bastante raras. O ser humano não consegue ser deficiente em Lógica natural com facilidade, todavia tem bastante facilidade em obter certa deficiência na Dialética natural, dom distribuído em medida desigual. E conforme a Dialética natural se assemelha à faculdade do julgamento, que difere em níveis para cada pessoa, a razão, estritamente falando, se mantém a mesma. Afinal, por diversas vezes acontece de um indivíduo se ver realmente certo quanto a determinado assunto, até ser confundido ou mesmo refutado por argumentos meramente superficiais; e caso ele saia vitorioso de uma disputa, muitas vezes deve isso menos à correção do próprio julgamento ao afirmar a sua proposição e mais à astúcia, à assertividade com que a defendeu.

Aqui, como em todos os outros casos, os melhores dons são inerentes ao ser humano; entretanto, muito pode ser feito a fim de fazer dele um mestre dessa arte por meio da prática, além de fazê-lo por meio da consideração das táticas que podem ser usadas com o único propósito de derrotar um oponente, ou que ele mesmo utiliza para atingir um propósito semelhante. Logo, embora a Lógica possa não ter um uso que se revele muito real e prático, a Dialética com toda certeza é capaz de sê-lo; e Aristóteles também parece ter elaborado a sua Lógica propriamente dita, ou a Analítica, como um fundamento e uma preparação para a sua Dialética, fez disso o principal negócio dele. A Lógica está preocupada com a mera forma das proposições; já a Dialética, com o próprio conteúdo ou a própria matéria, isto é, com sua substância. Portanto, seria apropriado considerar a maneira geral de todas as proposições antes de dar sequência aos particulares.

Aristóteles não define o objeto da Dialética exatamente da forma como eu o defini aqui; porque, enquanto ele admite que o objetivo principal é a disputa, também declara que ao mesmo tempo é a descoberta da verdade.[5] E mais uma vez, ele afirma mais tarde que, se do ponto de vista filosófico as proposições são tratadas com base na sua verdade, a Dialética as considera de acordo com a sua plausibilidade, ou a medida na qual elas obterão a aprovação e o assentimento dos demais.[6] Ele está ciente de que a verdade objetiva de uma proposição deve ser distinguida e apartada do modo no qual ela é pressionada a voltar à sua origem e a aprovação é conquistada; contudo, ele falha na tarefa de traçar uma distinção que se mostre suficientemente nítida entre esses dois aspectos da questão, a ponto de reservar a Dialética apenas para esse último.[7] As regras que ele oferece com frequência para a Dialética contêm algumas daquelas que pertencem propriamente à Lógica; portanto, a mim parece que ele não forneceu uma solução clara para o problema.

---

5. *Tópicos*, livro I, 2.

6. Ib., 12.

7. Por outro lado, no livro *De Sophisticis Elenchis*, ele se preocupa muito em separar a Dialética da Sofística e da Erística, afirmando que a distinção consiste no fato de que as conclusões dialéticas são verdadeiras em sua forma e seu conteúdo, enquanto as sofísticas e erísticas são falsas.

A diferenciação entre a Erística e a Sofística é tamanha, que enquanto o mestre da Erística almeja a mera vitória, o sofista busca a reputação e, por meio dela, as recompensas monetárias que assim obterá. Contudo, uma proposição ser verdadeira ou não em relação ao conteúdo é uma questão incerta demais para formar o fundamento de tal distinção; é uma questão sobre a qual o participante é o que menos pode chegar à certeza; isso nem é revelado de forma muito segura, mesmo por meio do resultado da disputa. Logo, quando Aristóteles fala sobre a *Dialética*, devemos incluir nela a Sofística, a Erística e a Pirástica, e assim defini-la como "a arte de levar a melhor durante uma disputa", na qual, de forma inquestionável, o plano mais seguro é estar sob o direito de começar; no entanto, isso em si não é o bastante na disposição existente da humanidade e, por outro lado, com a fraqueza do intelecto humano, não é algo totalmente necessário. É preciso que haja outros expedientes, que, justamente por serem desnecessários à obtenção da verdade objetiva, também podem ser usados quando alguém está errado de maneira objetiva; e se esse for ou não o caso, dificilmente se mostra uma questão de certeza absoluta.

Por conseguinte, eu sou da opinião de que uma distinção mais nítida entre Dialética e Lógica deve ser feita a partir daquilo que Aristóteles nos ofereceu; o fato de que devemos atribuir à Lógica a verdade objetiva na medida em que ela se revela como algo meramente formal, e que a Dialética deve se limitar à arte de alcançar o ponto de vista; ao contrário, que a Sofística e a Erística não devem ser distinguidas da Dialética à maneira de Aristóteles, já que a diferença que ele desenha repousa na verdade objetiva e material; em relação ao que é isso, não podemos obter nenhuma certeza muito clara antes da discussão; contudo, somos compelidos, juntamente com Pilatos, a perguntar: *O que é a verdade?* Afinal, ela está nas profundezas, *en butho hae halaetheia* (um ditado de Demócrito, *Diógenes Laércio*, IX, 72). Dois indivíduos se envolvem com frequência em uma disputa acalorada e depois retornam às suas casas, cada um com a opinião do outro, que então trocou pela sua. É fácil afirmar que em toda disputa nós não devemos ter outro objetivo que não seja o avanço da verdade; todavia, antes da disputa ninguém sabe onde está, uma pessoa é enganada por meio dos argumentos do oponente dele e dos próprios.

Devemos sempre manter o tema de um ramo do conhecimento bem distinto de qualquer outro. Para então formar uma ideia clara quanto ao domínio da Dialética, não devemos prestar atenção à verdade objetiva, assunto da Lógica; devemos considerá-la simplesmente *a arte de obter o melhor em uma disputa*, algo que, como vimos, é tão fácil quanto o fato de estarmos verdadeiramente certos. Em si, a Dialética nada tem a fazer que não seja mostrar a forma como alguém é capaz de se defender contra ataques de todo tipo, especialmente contra aqueles desonestos; da mesma maneira, evidenciar como tal pessoa pode atacar a declaração de outra sem se contradizer, ou geralmente sem ser derrotada. A descoberta da verdade objetiva deve ser separada da arte de ganhar aceitação para proposições; afinal, a verdade objetiva é um assunto completamente diferente: algo referente ao julgamento, à reflexão e à experiência, para os quais não existe uma arte especial.

E então, esse é o objetivo da Dialética. Ela tem sido definida como a Lógica da aparência; contudo, tal definição é errônea, pois nesse caso só poderia ser usada com o objetivo de repelir proposições falsas. Porém, mesmo quando um indivíduo tem o direito ao lado dele, precisa da Dialética para defendê-lo e assim mantê-lo; deve saber quais são os truques desonestos, a fim de enfrentá-los; mas antes, ele mesmo deve usá-los com frequência, com o intuito de derrotar o inimigo com as próprias armas.

Da mesma maneira, em uma disputa dialética nós devemos deixar a verdade objetiva de lado, ou melhor, devemos considerá-la uma circunstância acidental, olhar apenas para a defesa da nossa própria posição e para a refutação do nosso oponente.

Ao seguir as regras para tal fim, respeito algum deve ser direcionado à verdade objetiva, visto que geralmente nós não sabemos onde a verdade está. Como eu disse anteriormente, por diversas vezes um indivíduo não sabe se está realmente certo ou não; é uma atitude frequente ele acreditar nisso e então estar enganado: ambos os lados costumam crer nisso. A verdade jaz nas profundezas. No início de uma disputa, cada indivíduo, via de regra, acredita que o direito está do lado dele; ao longo dela, ambos ficam duvidosos quanto a isso; a verdade não é determinada ou mesmo confirmada até o fim.

Portanto, a Dialética não precisa ter nada a ver com a verdade, como quando o mestre de esgrima considera quem é aquele que tem razão no instante em que uma disputa leva a um duelo. Impulso e desvio resumem todo esse esquema. A Dialética é a arte da esgrima intelectual; é somente quando a consideramos dessa maneira que somos capazes de a erigir em um ramo do conhecimento. Afinal, se tomarmos como intento a verdade puramente objetiva, somos então reduzidos à mera Lógica; se tomarmos como foco a manutenção de proposições falsas, isso se revela uma mera Sofística; em qualquer que seja o caso, seria necessário presumir que sabíamos o que era realmente verdadeiro e o que era falso; raramente temos uma ideia clara da verdade de antemão. Portanto, a real concepção da Dialética é aquela que formamos: a arte da esgrima intelectual utilizada tendo como objetivo a obtenção do melhor resultado em uma disputa; embora o termo *Erística* fosse o mais adequado, é mais correto chamá-la de Dialética controversa, *Dialectica eristica*.

A Dialética, nesse sentido da palavra, não tem outro objetivo a não ser reduzir-se a um sistema regular e reunir e exibir os recursos que a maioria das pessoas empregam em uma disputa quando notam que a verdade não está do lado delas e ainda tentam levar a melhor. Justamente por isso, seria muito inadequado prestar qualquer consideração à verdade objetiva ou ao avanço dela para se tornar uma ciência da Dialética; já que isso não é feito naquela original e natural, a Dialética inata aos homens, sob a qual eles lutam unicamente para obter a vitória. Em determinado sentido da palavra, a ciência da Dialética está mais preocupada em classificar e analisar estratagemas desonestos, no intuito de que, em meio a um debate real, possam ser ao mesmo tempo reconhecidos e derrotados. É exatamente por isso que a Dialética deve admitir a vitória, e não a verdade objetiva, como seu objetivo e propósito.

Eu não estou ciente de que algo tenha sido feito nesse sentido, ainda que eu tenha conduzido pesquisas por toda parte.[8] Logo, esse solo se mostra não cultivado. E a fim de cumprir o nosso propósito, devemos extrair isso da nossa experiência; observar de que forma, como frequentemente surgem nos debates das nossas relações com os nossos semelhantes, este ou aquele estratagema é empregado, seja por um lado ou pelo outro. Ao descobrirmos os elementos comuns em truques repetidos de diferentes formas, seremos capazes de exibir certas estratégias mais gerais que podem ser vantajosas tanto para o nosso próprio uso quanto para a frustração dos outros, caso eles os usem.

O que vem a seguir deve ser considerado uma primeira tentativa.

---

8. Diógenes Laércio nos diz que, entre os numerosos escritos sobre retórica de Teofrasto, todos já perdidos, havia um intitulado *Agonistikon taes peri tous eristikous gogous theorias*. E esse seria exatamente o que queríamos.

A BASE DE TODA DIALÉTICA

Em primeiro lugar, devemos considerar a natureza essencial de toda e qualquer disputa: aquilo que realmente acontece nela.

O nosso oponente afirmou uma tese, ou nós mesmos afirmamos – isso tudo é uma coisa só. Existem duas formas de refutá-la e dois caminhos possíveis pelos quais seguir.

I. Essas formas são (1) *ad rem*, (2) *ad hominem* ou *ex concessis*. Ou seja: podemos mostrar que a proposição não está de acordo com a natureza das coisas, isto é, com a verdade absoluta e objetiva; ou inconsistente com outras declarações, com outras admissões do nosso oponente, o que significa a verdade que lhe parece ser a única. A última forma de argumentar uma questão rende apenas uma convicção relativa e não faz nenhuma diferença para a verdade objetiva do assunto em si.

II. Os dois caminhos a serem seguidos são (1) a refutação direta e (2) a indireta. A direta ataca o motivo da tese; a indireta, os resultados dela. A refutação direta evidencia o fato de que a tese não é verdadeira; a indireta, o de que ela não pode ser verdadeira.

O caminho direto admite um procedimento duplo. Ou conseguimos mostrar que as razões da afirmação são falsas (*nego majorem, minorem*); ou admitir essas mesmas razões, ou se preferir, premissas, mas ao mesmo tempo podemos evidenciar que a afirmação não decorre delas (*nego consequentiam*); ou seja, atacamos a conclusão ou a forma do silogismo. A refutação direta utiliza a *distração* ou a *instância*.

(a) A distração.

Aceitamos a proposição do nosso oponente como verdadeira, então mostramos aquilo que se segue a partir dela quando a relacionamos com alguma outra proposição reconhecida como verdade. Usamos as duas proposições como premissas de um silogismo que oferece uma conclusão que seja manifestamente falsa, justamente por contradizer a natureza das coisas[1] ou outras afirmações do próprio oponente; isto é, a conclusão é falsa *ad rem* ou *ad hominem*.[2] Por consequência, a proposição do nosso oponente deve ter sido falsa; afinal, enquanto as premissas verdadeiras são capazes apenas de oferecer uma conclusão verdadeira, as falsas nem sempre precisam proporcionar uma conclusão falsa.

---

1. Se estiver em contradição direta com uma verdade que em si é perfeitamente indubitável, reduzimos *ad absurdum* a posição do nosso oponente.

2. Sócrates, em *Hippia Maj. et alias*.

(**b**) A instância, ou o exemplo ao contrário.

Consiste em refutar a proposição geral por referência direta a casos particulares incluídos nela na forma como é declarada, porém aos quais ela não se aplica e pelos quais se mostra, portanto, que é necessariamente falsa.

Tamanha é a estrutura ou o esqueleto de todas as formas de disputa; pois todo tipo de controvérsia pode ser finalmente reduzido a isso. Contudo, a totalidade de uma controvérsia pode realmente ocorrer da maneira descrita, ou talvez apenas parecer; e pode ser apoiado por argumentos genuínos ou mesmo espúrios. É justamente pelo fato de não ser fácil de decifrar a verdade quanto a esse assunto que os debates são tão longos e obstinados.

E ao ordenarmos o argumento, nós também não podemos separar a verdade real da aparente, já que de antemão mesmo os participantes da disputa não têm certeza disso. Portanto, eu vou descrever os incontáveis truques ou estratagemas sem considerar questões de verdade ou de falsidade objetivas; porque esse é um assunto sobre o qual não temos garantia e que não pode ser determinado anteriormente. Além disso, ao longo de toda disputa ou discussão sobre qualquer assunto, devemos concordar sobre alguma coisa; logo, adotando isso como princípio, devemos estar dispostos a julgar o assunto em questão. Não podemos argumentar com aqueles que negam os princípios: *Contra negantem principia non est disputandum.*

ESTRATÉGIAS

I
A extensão

Consiste em levar a proposição do oponente para além dos limites naturais dele; dando a ela um significado tão generalista e um sentido tão amplo quanto possível, de modo a exagerá-la; ou, por outro lado, dando à sua própria proposição um sentido tão restrito e limites tão estreitos quanto for possível, pois quanto mais geral for uma afirmação, mais numerosas são as objeções às quais ela está aberta. A defesa consiste em uma declaração precisa sobre o assunto ou a questão essencial em discussão.

Exemplo 1 – Eu afirmei que os ingleses eram supremos quando se tratava de drama. O meu oponente tentou dar um exemplo contrário a isso, respondendo que era um fato bastante conhecido que na música, por consequência na ópera, eles não eram capazes de emplacar quaisquer feitos. Repeli esse argumento, lembrando-o de que a música não estava incluída na arte dramática; esta abrangia apenas a tragédia e a comédia. Mas ele sabia muito bem disso. O que ele fez foi tentar generalizar a minha proposição, de modo que se aplicasse a todas as representações teatrais, e consequentemente à ópera e depois à música, para assim ter a certeza de que me derrotaria. Ao contrário, conseguimos salvar a nossa proposição a reduzindo a limites mais limitados do que pretendíamos inicialmente, caso a nossa maneira de expressá-la favorecesse tal expediente.

Exemplo 2 – A pessoa A declara que a Paz de 1814 devolveu a independência para todas as cidades alemãs da Liga Hanseática. Já a pessoa B dá um exemplo contrário, citando o fato de que Dantzig, que então recebera sua independência de Bonaparte, a perdeu em prol daquela paz. A pessoa A se salva de tal argumento dizendo o seguinte: "Eu disse 'todas as cidades alemãs', e Dantzig estava na Polônia".

Esse artifício foi mencionado por Aristóteles em *Tópicos* (livro VIII, c. 11, 12).

Exemplo 3 – Lamarck, em *Filosofia zoológica* (vol. I, p. 208), afirma que o pólipo não é dotado de sentimento porque não tem nervos. Porém, é algo certo o fato de que possui algum tipo de percepção; afinal, avança em direção à luz se movendo de forma engenhosa de galho em galho, apanhando então a sua presa. Por isso, supôs-se que o sistema nervoso dele estivesse espalhado por todo o corpo em igual medida, como se misturado a ele; porque é óbvio que o pólipo é dotado de alguma faculdade perceptiva sem ter quaisquer órgãos dos sentidos. Como essa suposição refuta a postura de Lamarck, ele argumenta da seguinte maneira: "Nesse caso, todas as partes do corpo dele devem ser capazes de expressar qualquer tipo de sentimento e também de movimento, tanto de vontade quanto de pensamento. O pólipo teria em cada ponto do corpo todos os órgãos presentes no animal mais perfeito; cada ponto seria capaz de ver, cheirar, provar, ouvir e assim por diante; poderia pensar, julgar e tirar as próprias conclusões; cada partícula do corpo dele seria um animal perfeito e permaneceria mais superior do que o ser humano, afinal cada parte dele possuiria todas as faculdades que o ser humano possui justamente no todo dele. Além disso, não haveria razão para não se estender aquilo que é verdadeiro para o pólipo a todos os macacos, a mais imperfeita de todas as criaturas, até finalmente se estender para as plantas, que também estão vivas etc.". Ao fazer uso de artifícios dialéticos desse tipo, um escritor revela que está secretamente consciente do fato de que está errado. Como foi dito que todo o corpo de uma criatura é sensível à luz e por consequência possui nervos, ele deduz que todo o corpo é capaz de pensar.

II
A homonímia

Esse artifício consiste em estender uma proposição a algo que tem pouco ou nada em comum com o assunto em questão, exceto pela semelhança da palavra; em seguida, refutá-la de maneira triunfante e dessa forma reivindicar o crédito por ter refutado a declaração original.

É possível então perceber aqui que sinônimos são duas palavras para a mesma concepção; homônimos, duas concepções abrangidas pela mesma palavra. (Ver Aristóteles, *Tópicos*, livro I, c. 13.) Os termos "profundo", "cortante" e "elevado", usados em um momento no sentido de corpos e, em outro, de tons, são homônimos; "honroso" e "honesto" são sinônimos.

Esse é um truque que pode ser considerado idêntico ao sofisma *ex homonymia*; entretanto, se o sofisma for óbvio, não enganará ninguém.

Toda luz pode ser extinta.
O intelecto é uma luz.
Portanto, ele pode ser extinto.

Aqui fica imediatamente claro que existem quatro termos no silogismo, sendo a palavra "luz" usada tanto no sentido real quanto no metafórico. No entanto, caso o sofisma assuma uma forma sutil, é claro que pode induzir a erro, especialmente quando as concepções cobertas pela mesma palavra estão relacionadas entre si e tendem a ser intercambiáveis. Nunca é sutil o bastante para enganar, se for usado de maneira intencional; portanto, os casos devem ser coletados a partir da experiência real e individual.

Seria muito bom se cada artifício pudesse receber um nome curto, e obviamente apropriado, de modo que, quando um homem usasse este ou aquele em particular, pudesse imediatamente ser repreendido por isso.

A seguir, darei dois exemplos de homonímia.

Exemplo 1

A: "Você ainda não foi iniciado nos mistérios da filosofia kantiana."

B: "Ah, mas se você está falando sobre mistérios, não vou querer ter nada a ver com eles."

Exemplo 2 – Condenei o princípio envolvido na palavra "honra" como sendo tolo; porque, de acordo com ela, um homem perde a própria honra ao receber um insulto, algo que não pode apagar a menos que responda com um insulto ainda maior, ou derramando o sangue do adversário ou até mesmo o próprio sangue. Eu afirmei que a verdadeira honra de um homem não pode ser ultrajada por aquilo que ele sofre, mas apenas pelo que ele faz; afinal, não há como dizer o que pode acontecer a qualquer um de nós. O meu oponente de imediato atacou o motivo que eu dera e triunfantemente concedeu refutações, dizendo que, quando um comerciante era falsamente acusado de falsas declarações, desonestidade ou negligência quanto ao próprio negócio, era um ataque à honra dele; nesse caso ultrajada apenas pelo que ele sofreu, algo que só poderia ser recuperado por meio do agressor dele e fazendo com que ele se retratasse.

E aqui, por meio de uma homonímia, ele estava impondo a honra cívica, que também é chamada de "bom nome", e pode ser ultrajada por difamação e calúnia, a concepção de "honra cavalheiresca", também chamada de *point d'honneur*, que pode ser ultrajada por insulto. E como um ataque à primeira não pode ser desconsiderado, pelo contrário, deve ser repelido por meio da refutação pública, logo, com a mesma justificativa, um ataque à última também não deve ser desconsiderado, e sim derrotado por meio de um insulto ainda maior, um duelo. Aqui temos uma confusão de duas coisas que em sua essência são diferentes pela homonímia da palavra "honra", uma consequente alteração do ponto sob disputa.

III

Outro artifício é adotar uma proposição estabelecida relativamente e em referência a algum assunto em particular, como se fosse proferida com uma aplicação geral ou mesmo absoluta; ou, pelo menos, adotar um sentido bem diferente para em seguida refutá-lo. O exemplo de Aristóteles é:

O mouro é negro, porém tem dentes brancos, portanto é negro e ao mesmo tempo não negro. Esse é um exemplo inventado que não iludirá ninguém seriamente. Vamos, ao contrário, observar um da experiência real.

Ao falar sobre filosofia, admiti que o meu sistema oferecia apoio aos quietistas e ao mesmo tempo os elogiava. Pouco tempo depois, a conversa girou em torno de Hegel, e afirmei que os escritos dele eram em sua maioria absurdos; ou, seja como for, que havia muitas passagens neles em que o autor escreveu palavras e ficou sob responsabilidade do leitor encontrar um significado para elas. O meu oponente não tentou refutar tal afirmação *ad rem*, porém se ateve a apresentar o *argumentum ad hominem* e me dizer que eu estava elogiando os quietistas, e eles também haviam escrito um monte de bobagens.

Eu admiti isso; no entanto, a fim de corrigi-lo, disse também que havia elogiado os quietistas, mas não como filósofos e escritores, isto é, por suas realizações no âmbito teórico, mas apenas como sendo homens e por sua conduta nas meras questões de *prática*; e que no caso de Hegel estávamos falando sobre teorias. Dessa forma, eu desviei o ataque.

Os três primeiros artifícios têm caráter semelhante. Eles compartilham isso: o fato de que algo diferente é atacado a partir daquilo que foi afirmado. Portanto, seria *ignoratio elenchi* não dar importância a isso dessa maneira.

Afinal, em todos os exemplos que eu apresentei, aquilo que o oponente diz é verdade, no entanto está em contradição aparente, e não real, com a tese. Tudo aquilo que resta a quem é atacado é negar a validade do próprio silogismo; negar, por consequência, a conclusão que ele tira disso, o fato de a proposição dele ser verdadeira indicar que a outra é falsa. Dessa forma, a sua própria refutação é diretamente refutada por uma negação da sua conclusão, *per negationem consequentiae*. Outro artifício é se recusar a admitir premissas verdadeiras por conta de uma conclusão prevista. Existem duas formas de derrotá-lo, ambas incorporadas nas duas próximas seções.

IV

Se você quiser chegar a uma conclusão, não deve deixar que ela seja prevista, e sim fazer com que as premissas sejam admitidas uma a uma, sem serem observadas, misturando-as aqui e ali em sua fala; caso contrário, o seu oponente tentará todo e qualquer tipo de trapaça. Ou, caso haja dúvida se o seu oponente as admitirá, você precisa apresentar as premissas dessas premissas; isso significa que deve elaborar pró-silogismos e admitir as muitas premissas de vários deles sem uma ordem definida. Dessa forma, você oculta o seu jogo até obter todas as admissões necessárias e por consequência atinge o seu objetivo fazendo um circuito. Tais regras são dadas por Aristóteles em *Tópicos*, livro VII, c. 1. É um artifício que dispensa qualquer ilustração.

V

Para provar a verdade de uma proposição, você também pode empregar proposições anteriores que não são verdadeiras, caso o seu oponente se recuse a admitir as verdadeiras, seja porque não consegue perceber a sua verdade, seja porque percebe que a tese segue imediatamente vinda delas. Nesse caso, o plano é adotar proposições falsas em si mesmas, porém verdadeiras ao seu oponente, e então argumentar a partir da forma como ele pensa, ou seja, *ex concessis*. Porque uma conclusão verdadeira até pode decorrer de premissas falsas, mas não vice-versa. Da mesma forma, as proposições falsas por parte do seu oponente podem ser refutadas por meio de outras proposições falsas, mas que ele considera verdadeiras; pois é com ele que você precisa lidar e deve usar os mesmos pensamentos que ele usa. Por exemplo, se ele for membro de alguma seita à qual você não pertença, pode empregar as opiniões declaradas dessa seita contra ele, como os princípios.[1]

1. Aristóteles, *Tópicos*, livro VIII, c. 2.

VI

Outro estratagema é fugir da questão de um jeito disfarçado, ao requerer aquilo que deve ser provado, ou (1) sob algum nome diferente; por exemplo, "boa reputação" em vez de "honra"; "virtude" em vez de "virgindade" etc.; ou mesmo usando termos mutáveis, como "animais de sangue vermelho" e "vertebrados"; ou (2) fazendo uma suposição geral que aborde o ponto particular que está sob disputa; por exemplo, mantendo a incerteza da medicina insistindo na incerteza de todo conhecimento humano. (3) E caso, vice-versa, duas coisas sigam uma da outra, e uma deva ser provada, você pode muito bem exigir a outra. (4) Se uma proposição geral precisar ser provada, você pode fazer com que seu oponente admita cada particularidade dela. Este é o inverso do segundo.[2]

2. Idem, c. 11. O último capítulo dessa obra contém algumas regras úteis para a prática da Dialética.

VII

E se a disputa for conduzida sob regras um tanto limitadas e formais, além de haver o desejo de se chegar a um entendimento bastante claro, aquele que enuncia a proposição e deseja prová-la pode proceder contra o oponente por meio de perguntas, com o intuito de revelar a verdade da declaração das suas admissões. O método erotemático, ou socrático, era especialmente usado entre os antigos; não só este como alguns dos truques que vêm a seguir são semelhantes a ele.[3]

A estratégia aqui é fazer inúmeras perguntas bem abrangentes de uma única vez, de modo a esconder aquilo que você realmente quer que seja admitido e, por outro lado, apresentar rapidamente o argumento resultado das confissões; afinal, aqueles lentos no que diz respeito à compreensão não são capazes de seguir com precisão e não percebem quaisquer erros ou lacunas que possam fazer parte da demonstração.

3. Todos eles são uma versão livre do capítulo 15 do *De Sophistici Elenchis*, de Aristóteles.

VIII

Este artifício consiste em deixar o oponente com raiva; quando está raivoso, ele então se torna incapaz de julgar da forma correta e, assim, perceber em que ponto reside a sua vantagem. Você consegue irritá-lo ao lhe direcionar injustiças repetidas ou por meio da prática de algum tipo de trapaça, além de ser insolente de modo geral.

IX

Ou você pode fazer as perguntas em uma ordem diferente daquela que a conclusão a ser extraída delas exige, transpondo-as de modo a não deixar que a pessoa saiba o que você realmente pretende. Assim, ela não consegue se precaver de maneira alguma. Você também pode usar suas respostas para obter conclusões diferentes ou mesmo que sejam opostas entre si, de acordo com seu caráter. Este se parece bastante com o artifício de mascarar o seu procedimento.

X

Se você observar que o oponente retorna de forma intencional uma resposta negativa àquelas que, por causa da sua proposição, você quer que ele responda de um jeito afirmativo, precisa questionar justamente o contrário da proposição, como se fosse aquilo pelo que você mais anseia ver sendo afirmado; seja como for, pode oferecer a ele a escolha de ambas as opções, para que dessa forma ele não perceba qual das perguntas você está pedindo que ele afirme.

XI

Caso você opte por fazer uma indução e seu oponente lhe conceda casos específicos pelos quais ela deve ser sustentada, é preciso então se abster de perguntar a ele se também admite a verdade geral que procede das específicas. Apresente-as posteriormente como um fato estabelecido e admitido; afinal, enquanto isso ele mesmo vai acreditar que o admitiu, e a mesma impressão será gerada no público, porque eles se lembrarão das várias perguntas sobre os detalhes e suporão que elas devem, obviamente, atingir seu objetivo.

XII

E se a conversa girar em torno de alguma concepção geral sem um nome em particular, no entanto requerer alguma designação figurativa ou metafórica, você precisa começar escolhendo uma metáfora favorável à sua proposição. Por exemplo: os nomes usados para designar os dois partidos políticos na Espanha, *Serviles* e *Liberates*, são claramente escolhidos por estes últimos. O título de protestantes é escolhido pelos próprios, assim como evangélicos; todavia, os católicos os chamam de *hereges*. Dessa mesma forma, quanto aos nomes das coisas que admitem um significado mais exato e definido: por exemplo, se o seu oponente propõe uma *alteração*, você pode chamá-la de *inovação*, pois é uma palavra que suscita inveja. E caso você mesmo faça a proposta, será o contrário. No primeiro caso, é possível chamar o princípio antagônico de "ordem existente"; já no segundo, de "preconceito antiquado". Aquilo que um homem imparcial, desprovido de qualquer outro propósito de servir, chamaria de "culto público" ou "sistema de religião" é descrito por um adepto como "piedade", "misericórdia", e por um oponente, como "fanatismo", "superstição". No fundo, isso significa um sutil *petitio principii*. Antes de qualquer coisa, o que se busca provar é inserido na definição, de onde é retirado por meio da mera análise. O que um homem chama de "colocar sob uma custódia segura", outro pode chamar de "jogar na prisão". Muitas vezes um indivíduo trai o propósito dele logo de antemão justamente pelos nomes que dá às coisas. Uma pessoa fala sobre "clero"; outra, sobre "sacerdotes".

De todos os artifícios da controvérsia, este é o mais frequente e usado de maneira instintiva. Você ouve falar sobre "zelo religioso" ou "fanatismo"; um "*faux pas*", um "passo de coragem" ou "adultério"; uma história "equivocada" ou "indecente"; "constrangimento" ou "falência"; "por meio de influência e conexão" ou por "suborno e nepotismo"; "gratidão sincera" ou "bom salário".

XIII

Para fazer o oponente aceitar uma proposição, você deve dar-lhe a contraproposição, permitindo que ele escolha entre as duas; assim, é preciso tornar o contraste o mais flagrante possível, de modo que, para então evitar o paradoxo, ele aceite a proposição, feita para parecer extremamente provável. Por exemplo, se você quiser fazê-lo admitir que um menino precisa fazer tudo o que o pai lhe ordenar, pergunte a ele o seguinte: "Seja no que for, devemos obedecer ou desobedecer aos nossos pais?". Ou, se for dito que algo acontece "com frequência", pergunte se por "frequência" você deve entender que isso ocorre em poucos ou muitos casos; ele então responderá "muitos". É como colocar o cinza ao lado do preto e o chamar de branco; ou o colocar ao lado do branco e o chamar de preto.

XIV

Este, um artifício insolente, é lançado da seguinte maneira: quando o seu oponente tiver respondido a várias das suas perguntas sem que as respostas se revelem favoráveis à conclusão que você almeja, apresente então a conclusão desejada – ainda que isso de forma alguma seja o caso –, como se tivesse sido provada, e a proclame em tom de triunfo. Se o seu oponente for tímido ou mesmo estúpido, e você apresentar um profundo cinismo e boa voz, o truque pode facilmente funcionar. É parecido com a falácia *non causae ut causae*.

XV

Se você alguma vez já apresentou uma proposição paradoxal e encontrou dificuldade em prová-la, pode submeter à aceitação ou à rejeição do seu oponente alguma proposição que seja verdadeira, porém cuja verdade não seja completamente palpável, como se você desejasse obter sua prova a partir dela. Caso ele a rejeite porque suspeita que isso seja um mero artifício, você pode obter o seu triunfo justamente mostrando o quão absurdo ele é; se ele aceitar isso, você tem a razão do seu lado naquele momento, portanto precisa olhar ao seu redor; ou então você também pode empregar o artifício anterior e sustentar que o seu paradoxo é provado pela proposição que ele aceitou. Para isso, é necessária uma insolência extrema; contudo, a experiência traz à tona casos disso, e há pessoas que o praticam por mero instinto.

XVI

Outro artifício é a utilização de argumentos *ad hominem*, ou *ex concessis*.[4] Quando o seu oponente faz uma proposição, você precisa tentar perceber se ela não é, de alguma forma e se necessário apenas de maneira aparente, inconsistente com alguma outra proposição que antes ele já tenha feito ou mesmo admitido, seja com os princípios de uma escola ou seita que ele certa vez recomendou e aprovou, seja com as ações daqueles que apoiam essa seita, ou ainda daqueles

---

4. A verdade da qual extraio a minha prova pode ser (1) de caráter objetivo e universalmente válido; nesse caso, a minha prova se mostra verídica, *secundum veritatem*; é justamente essa prova que possui qualquer validade genuína. Ou (2) pode ser válida apenas para a pessoa a quem eu quero provar a minha proposição e com quem estou discutindo. Ou seja, se ela assume determinada posição de uma vez por todas como um preconceito, ou a admite de forma apressada ao longo da disputa, é nisso que eu baseio a minha prova. Nesse caso, é uma prova válida apenas para esse indivíduo em particular, *ad hominem*. Eu obrigo o meu oponente a aceitar a minha proposição, no entanto acabo falhando em estabelecê-la como uma verdade cuja validade seja universal. A minha prova tem valor unicamente para o meu oponente, para mais ninguém. Por exemplo, se o meu oponente é um devoto de Kant e eu baseio a minha prova em determinado enunciado desse filósofo, é uma prova que em si não passa de *ad hominem*. Se ele for maometano, eu consigo provar o meu ponto de vista ao me referir a uma passagem do Alcorão, o que é suficiente para ele; no entanto, é apenas uma prova *ad hominem*.

que lhe dão justamente um apoio aparente, espúrio, talvez até mesmo com as próprias ações ou inação. Por exemplo, se ele defender o suicídio, você pode imediatamente exclamar o seguinte: "Então, por que você não se enforca?". Se ele sustentar o fato de que Berlim é um lugar desagradável para se viver, você pode dizer: "Por que você não vai embora no primeiro trem do dia, então?". Algumas dessas bobagens sempre se mostram possíveis.

XVII

Caso o seu oponente o pressione com uma contraprova, na maioria das vezes você será capaz de se safar ao apresentar alguma distinção que seja sutil e ao mesmo tempo verdadeira, uma que não havia ocorrido a você anteriormente; isto é, se o assunto admitir uma aplicação dupla ou for considerado ambíguo em qualquer sentido.

XVIII

Se você observar que o seu oponente adotou uma linha de argumentação que levará você a ser derrotado, não permita que ele a conclua. Interrompa o curso da disputa a tempo, paralise-a completamente, ou o afaste do assunto e o leve a outros. Em resumo, você precisa colocar em prática o artifício que então será notado mais tarde, a *mutatio controversiae*. (Ver § XXIX)

XIX

Caso o seu oponente o desafie de forma expressa a apresentar qualquer objeção para algum ponto definido do seu argumento, e você não tiver muito a dizer, tente dar uma guinada geral nesse assunto e em seguida falar contra ele. E se você for chamado a dizer o porquê de uma hipótese física em particular não poder ser aceita, é possível falar sobre a falibilidade do conhecimento humano e oferecer inúmeros exemplos disso.

XX

Quando você tiver trazido à tona todas as suas premissas e o seu oponente as tiver finalmente admitido, precisa se abster de pedir a ele uma conclusão, e sim tirá-la de uma vez por todas e por conta própria; mesmo que uma ou outra premissa esteja faltando, você é capaz de adotá-la como se ela também tivesse sido admitida e, assim, tirar a conclusão. Este artifício é uma aplicação da falácia *non causae ut causae*.

XXI

Quando o seu oponente faz uso de um argumento que é meramente superficial ou sofístico, e você percebe isso, é possível refutá-lo, expondo assim o seu caráter capcioso e superficial; contudo, é melhor enfrentá-lo com um contra-argumento que seja tão superficial e sofístico quanto, e dessa forma acabar com ele, afinal você está preocupado com a vitória, e não com a verdade. E se, por exemplo, ele adotar um *argumentum ad hominem*, basta retirar a sua força por meio de um contra-argumento *ad hominem* ou de um *argumentum ex concessis*; em linhas gerais, em vez de expor o verdadeiro estado do caso em igual extensão, é mais rápido seguir esse caminho se ele estiver aberto a você.

XXII

E se o seu oponente exigir que você admita algo a partir do qual o ponto sob disputa se seguirá imediatamente, recuse-se a fazê-lo, por meio da declaração de que é um *petitio principii*. Afinal, ele e o público considerarão uma proposição próxima desse ponto discutido como idêntico a ele; dessa forma, você o priva do seu melhor argumento.

XXIII

A contradição e controvérsia irritam uma pessoa a ponto de exagerar em sua declaração. Ao contradizer o seu oponente, você consegue levá-lo a estender para além dos próprios limites uma afirmação que, em todos os eventos dentro desses mesmos limites e em si mesma, se mostra verdadeira; quando você refuta essa forma exagerada, parece que também refutou a afirmação original. Ao contrário, você precisa tomar cuidado para não se deixar levar por contradições a ponto de exagerar ou mesmo estender demais uma declaração que lhe pertence. Muitas vezes o seu oponente tentará de forma direta estender a sua declaração para além daquilo que você pretendia; e aqui você deve detê-lo de imediato, trazê-lo de volta aos limites que você uma vez estabeleceu; "O que eu disse foi isso, e nada mais."

XXIV

Este artifício consiste em enunciar um silogismo falso. O seu oponente faz uma proposição e, por meio de uma falsa inferência e uma distorção das ideias dele, você força outras proposições que ela já não é capaz de conter, que ele não quer dizer de jeito nenhum; absurdas ou mesmo perigosas. Logo, parece que a sua proposição deu origem a outras inconsistentes consigo mesmas ou com determinada verdade reconhecida e, por consequência, parece ser indiretamente refutada. Este artifício é a distração, outra aplicação da falácia *non causae ut causae*.

XXV

Este é um caso de *distração* por meio de uma *instância colocada como contraditória*. Por meio de indução (*epagogae*), uma grande quantidade de instâncias particulares se faz necessária para assim estabelecê-la como uma proposição universal; porém, com a distração (*apagogae*), uma única instância, à qual a proposição não se aplica, é tudo o que se mostra necessário para então derrubá-la. Este é um método controverso conhecido como *instância, instantia* (do grego *enstasis*). Por exemplo, a afirmação "todos os ruminantes têm chifres" é uma proposição que pode ser quebrada por meio da única instância que o camelo representa. A *instância* em questão é um caso em que se busca aplicar uma verdade universal, na definição fundamental dela se insere algo que não é universalmente verdadeiro e que a perturba. Mas existe espaço suficiente para erros; quando esse artifício for empregado por seu oponente, você deve observar (1) se o exemplo que ele dá é realmente verdadeiro; afinal, há problemas para os quais a única solução verdadeira é justamente que o caso em questão não é verdadeiro, como muitos milagres, diversas histórias sobre fantasmas, e assim por diante; (2) se realmente se enquadra na concepção da verdade dessa forma declarada; pois é possível apenas parecer fazê-lo, e o assunto então deve ser resolvido por meio de distinções precisas; e (3) se é realmente inconsistente com essa concepção; porque pode não passar de uma inconsistência aparente.

XXVI

Um movimento brilhante é o *retorsio argumenti*, ou, se preferir, virar a mesa, por meio do qual o argumento do seu oponente se volta contra ele mesmo. Por exemplo, ele declara: "Fulano é uma criança, você deve fazer concessões a ele". Então, você retruca: "Justamente por ele ser uma criança eu devo reprimi-lo; caso contrário, ele persistirá com os mesmos maus hábitos".

XXVII

E caso o seu oponente o surpreenda ao ficar particularmente zangado por conta de uma discussão, você precisa incitá-lo de forma ainda mais zelosa; não só porque é uma boa ideia irritá-lo, mas porque é possível presumir que você colocou o dedo no lado fraco quando se trata do caso dele e que justamente nesse ponto ele se mostra mais aberto que nunca ao ataque.

XXVIII

Trata-se de algo praticável principalmente durante uma disputa entre estudiosos na presença dos incultos. Se você não tem nenhum argumento *ad rem*, bem como nenhum *ad hominem*, pode fazer um *ad auditores*; ou seja, pode iniciar alguma objeção inválida, que, no entanto, apenas um especialista vê como inválida. O seu oponente é um especialista, porém aqueles que formam o seu público não são e, por consequência, aos olhos desse grupo ele é derrotado; de uma forma um tanto particular, caso a objeção que você faça o coloque sob alguma luz patética. As pessoas estão prontas para rir, e você reúne os risonhos ao seu lado. Para assim mostrar que a sua objeção na verdade é vã, ela exigiria uma longa explicação por parte do seu oponente e uma referência aos princípios do ramo do conhecimento em questão, ou talvez até os elementos do assunto que você está discutindo; as pessoas não estão dispostas a ouvir sobre isso.

Por exemplo, o seu oponente afirma que, na formação original de uma serra, tanto o granito quanto outros elementos da sua composição estavam, por conta da alta temperatura, em estado fluido ou fundido; que a temperatura deve ter atingido cerca de 250 °C; e que, quando a massa ganhou forma, foi coberta pelo mar. Você responde, usando um argumento *ad auditores*, que a essa temperatura, ou melhor, muito antes de ela ser atingida, ou seja, a pelo menos 100 °C, o mar já teria fervido e se espalhado pelo ar em forma de vapor. E diante disso o público ri. Para refutar tal objeção, o seu oponente precisaria mostrar que o ponto de ebulição depende não somente do nível de calor, mas também da pressão atmosférica; e que no instante em que cerca de metade da água do mar tivesse evaporado, essa pressão aumentaria tanto que o restante não ferveria mesmo que sob uma temperatura de 250 °C. Ele está impossibilitado de dar essa explicação, afinal seria necessário um tratado para demonstrar o assunto para aqueles sem familiaridade com a física.

XXIX[5]

Se você achar que está sendo derrotado, pode gerar uma *distração,* isto é, de repente pode começar a falar sobre outra coisa, como se tivesse relação com o assunto discutido e fornecesse um argumento contra o seu oponente. Isso pode ser feito sem qualquer presunção se, de fato, a distração causar alguma influência sobre o assunto de forma geral; contudo, é imprudente fazê-lo se isso não tiver nada a ver com o caso, não passando de algo usado para atacar o oponente.

Por exemplo, eu elogiei o sistema prevalecente na China, onde não existe nobreza hereditária e os cargos são concedidos unicamente àqueles que passam em concursos. O meu oponente sustentou que o aprendizado, de um jeito tão ínfimo quanto o privilégio adquirido de berço (sobre o qual ele tinha profunda opinião), ajusta um homem ao cargo em questão. Nós discutimos, e ele acabou levando a pior. Então, ele criou uma distração e declarou que na China todas as classes eram punidas com um castigo, que ele relacionou com a indulgência imoderada no chá, e pas-

5. Ver § XVIII.

sou a fazer de ambos os assuntos o foco de reprovação para com os chineses. Segui-lo em tudo isso seria se deixar ser arrastado para a rendição da vitória que já fora conquistada.

A distração não passa de mera insolência se você abandonar completamente o ponto sob disputa e, por exemplo, trouxer à tona alguma objeção como "Sim, e você também disse agora há pouco", assim por diante. Pois é nesse ínterim que o argumento se torna pessoal até certo ponto; do tipo que será tratado na última seção. A rigor, isso está no meio do caminho entre o *argumentum ad personam*, que aqui será discutido, e o *argumentum ad hominem*.

O quanto esse artifício é inato pode ser visto em todas as discussões entre pessoas comuns. Se uma das partes faz determinada censura pessoal à outra, esta última, em vez de responder a refutando, permite que ela permaneça, de certa forma, a admitindo; e responde ao reprovar o seu antagonista em algum outro terreno. Trata-se de um estratagema como o de Cipião, quando ele atacou os cartagineses, mas não na Itália, e sim na África. Durante a guerra, distrações desse tipo podem ser lucrativas; contudo, em uma discussão eles são péssimos, porque as censuras continuam acontecendo, aqueles que assistem a ela ouvem o pior que pode ser dito de ambas as partes. É um artifício que deve ser usado apenas *faute de mieux*.

XXX

Este é o *argumentum ad verecundiam*. Consiste em fazer um apelo à autoridade, e não à razão, em usar uma autoridade que se ajuste ao nível de conhecimento possuído por seu oponente.

Todo homem prefere a crença ao exercício do julgamento, afirma Sêneca; portanto, é uma questão fácil se você tiver do seu lado o tipo de autoridade que o oponente respeita. Quanto mais limitados forem a capacidade e o conhecimento dele, maior é o número de autoridades que pesam. Todavia, se a capacidade e o conhecimento dele forem de alto nível, existem pouquíssimos; na verdade, quase nenhum. Talvez ele possa admitir a autoridade de profissionais versados em uma ciência, uma arte ou algum artesanato sobre os quais ele sabe pouco ou nada; porém, mesmo assim ele o considerará com desconfiança. Ao contrário, as pessoas comuns nutrem um profundo respeito por profissionais de todos os tipos. Elas não sabem que alguém que faz de alguma coisa uma profissão a ama não pela função em si, mas pelo dinheiro que ganha por meio dela; ou o fato de que é raro alguém ensinar qualquer coisa e conhecer por completo o tema que leciona – afinal, se ele estudasse verdadeiramente da maneira como deveria, na maioria dos casos não sobraria tempo para ensinar.

Contudo, existem muitas autoridades respeitadas pela multidão, e se você não tem nenhuma que seja adequada, pode escolher uma que pelo menos pareça ser; você pode citar o que alguns disseram em outro sentido ou mesmo em outras circunstâncias. As autoridades que o seu oponente não consegue entender são justamente aquelas nas quais normalmente ele pensa mais. Os incultos nutrem um respeito peculiar por certo floreio grego ou mesmo latino. E se isso se fizer necessário, você também pode não só deturpar as suas autoridades, como também realmente as falsificar ou citar algo que você mesmo tenha inventado. Como regra, o seu oponente não possui livros em mãos e não poderia usá-los mesmo se tivesse. O melhor exemplo desse tipo de situação é oferecido pelo *curé* francês: a fim de evitar a obrigação de pavimentar a rua em frente à casa dele, da mesma forma como os demais cidadãos, citou um ditado que qualificou como bíblico: *paveant illi, ego non pavebo* [todos podem tremer, eu não vou tremer]. Isso foi o bastante para conter os funcionários municipais. E um preconceito universal também pode ser usado como autoridade; afinal, a maioria das pessoas remete a Aristóteles qualquer coisa que possa existir e em que muitos acreditam. Por mais absurda que seja, não há opinião que as pessoas não abracem de prontidão assim que são levadas à convicção de que ela é adotada de uma forma geral. O exemplo afeta os pensamentos delas, tanto quanto as ações. São como ovelhas que seguem o pastor aonde ele for. Morreriam antes de pensar. É bastante curioso o fato de que a universalidade de uma opinião tenha tanto peso para as pessoas, porque a própria experiência delas é capaz de lhes dizer que a aceitação delas é na verdade um processo completamente impensado, meramente imitativo. Porém, essa experiência não lhes diz nada disso, visto que essas mesmas pessoas não possuem qualquer autoconhecimento. Apenas os eleitos citam Platão: *tois pollois polla dokei*, o que significa que o público é obcecado e seria trabalhoso demais tirá-los desse estado.

Só que, falando seriamente: a universalidade de uma opinião não é prova de nada, ou melhor, não representa nem mesmo uma probabilidade de que essa opinião esteja certa. Aqueles que sustentam isso assumem (1) que a extensão de tempo priva uma opinião universal da própria força demonstrativa, caso contrário todos os erros passados que outrora foram universalmente considerados verdadeiros precisariam ser revistos; por exemplo, o sistema ptolomaico teria que ser restaurado, ou mesmo o catolicismo restabelecido em todos os países protestantes. Eles devem presumir (2) que a distância do espaço tem o mesmo efeito; caso contrário, a respectiva universalidade de opinião entre os adeptos do budismo, do cristianismo e do islamismo os colocará em uma posição difícil.

Quando analisamos o assunto, a chamada opinião universal é na verdade a opinião de duas ou três pessoas; deveríamos ser persuadidos disso caso pudéssemos ver a forma como ela realmente surge.

Descobriríamos que, na verdade, são duas ou três pessoas que em primeira instância a aceitaram ou mesmo a promoveram e assim a mantiveram; pessoas tidas como tão boas a ponto de se acreditar que a haviam testado por completo. Depois, algumas outras pessoas, convencidas de antemão do fato de que os primeiros eram pessoas dotadas da capacidade necessária, também aceitaram essa opinião. Mais uma vez, estas receberam a confiança de muitos outros, cuja preguiça sugeriu a eles que era melhor acreditar de uma vez por todas do que passar pela complexa tarefa de fazer por conta própria os testes quanto ao assunto em questão. Dessa forma, a quantidade desses adeptos preguiçosos e crédulos cresceu dia após dia; pois no momento em que a opinião reuniu quantidade considerável de apoio, os demais defensores dela atribuíram isso ao fato de que a opinião em si só poderia ter sido obtida por meio da força de argumentos. Os restantes então se viram obrigados a conceder aquilo que era universalmente concedido, de modo a não se passarem por pessoas indisciplinadas que resistiam a opiniões que todos aceitavam, ou mesmo sujeitos atrevidos que se consideravam mais espertos do que qualquer outro.

Quando a opinião chega a esse estágio, a adesão se torna um dever; e a partir disso os poucos capazes de formar um julgamento mantêm a própria paz. Aqueles que se aventuram a falar são justamente os totalmente incapazes de formular qualquer opinião ou mesmo julgamento por conta própria, sendo meramente o eco das opiniões alheias; todavia, defendem-nas com bastante zelo e intolerância. Afinal, o que eles odeiam nas pessoas que pensam de maneira diferente não são tanto as opiniões diferentes que proferem, mas a presunção de quererem formular o próprio julgamento; presunção essa da qual eles próprios jamais são culpados, como eles mesmos bem sabem. Em resumo, poucos são aqueles que têm a capacidade de pensar, porém todo indivíduo quer ter uma opinião; o que resta senão pegá-la já formulada por outros, em vez de formar opiniões por conta própria?

E já que é isso que costuma acontecer, onde está o valor da opinião mesmo que seja de cem milhões de pessoas? Ela não está mais estabelecida do que um fato histórico relatado por uma centena de cronistas que podem muito bem ter plagiado uns dos outros; no fim das contas, a opinião não passa de algo rastreável a apenas um único indivíduo.[6] Tudo aquilo que eu digo, o que você diz e por fim o que ele diz; tudo isso não passa de um conjunto de afirmações:

> ***Dico ego, tu dicis, sed***
> ***denique dixit et ille;***
> ***Dictaque post toties,***
> ***nil nisi dicta vides.***

17. Ver *Pensées sur les Comètes*, de Bayle, I, p. 10.

Entretanto, em uma disputa com pessoas comuns, podemos empregar a opinião universal como sendo a autoridade. Isso porque, de forma geral, já estará claro que, quando duas delas estão discutindo, é essa a arma que ambas escolhem como o meio dos ataques. Se um indivíduo da melhor espécie precisar lidar com elas, é mais aconselhável que se esforce a usar essa arma também, selecionando então as autoridades causadoras de uma boa impressão no lado fraco do oponente dele. Pois, *ex hypothesi*, ele é tão insensível a qualquer argumento racional quanto um Siegfried caloso, mergulhado sob a inundação da incapacidade e ele mesmo incapaz de pensar ou mesmo de julgar. Diante de um tribunal, a disputa acontece apenas entre autoridades – declarações oficiais, formuladas por especialistas jurídicos; aqui o exercício do julgamento consiste em descobrir qual lei ou autoridade melhor se aplica ao caso em questão. Entretanto, existe muito espaço para a Dialética; afinal, se o caso discutido e a lei realmente não se encaixarem, se for necessário, eles podem muito bem ser distorcidos até que pareçam se encaixar, ou vice-versa.

XXXI

Se você sabe que não tem resposta para os argumentos que o oponente apresenta, você pode, por meio de um belo golpe de ironia, declarar-se um juiz incompetente: "O que você está falando agora ultrapassa os meus pobres poderes de compreensão; até pode ser tudo muito verdadeiro, mas eu não consigo entender, logo eu me abstenho de expressar qualquer opinião sobre isso". Dessa forma, você insinua aos espectadores, com quem você tem uma boa reputação, que aquilo que o seu oponente diz é na verdade um absurdo. E assim, quando a *Crítica da razão pura* de Kant apareceu, ou melhor, quando ele começou a gerar burburinho no mundo, muitos professores da velha escola eclética declararam não conseguir entendê-la, acreditando que seu fracasso encerraria todo o problema por conta própria. Todavia, quando os adeptos da nova escola lhes provaram que estavam certos, e que os antigos realmente haviam falhado em entendê-la, estes ficaram de muito mau humor.

Esse é um artifício que pode ser usado apenas quando você tiver certeza absoluta de que o público o tem em melhor estima do que a seu oponente. Um professor, por exemplo, pode usá-lo com um aluno.

A rigor, esse é o mesmo caso do artifício anterior: uma afirmação particularmente maliciosa da própria autoridade, em vez do oferecimento de razões. O contra-artifício é dizer: "Eu peço desculpas; mas, com o seu intelecto tão penetrante, deve ser muito fácil para você entender qualquer coisa; só pode ser a minha pobre declaração sobre o assunto a razão pela qual eu não compreenda"; em seguida continue esfregando isso na cara dele até que ele entenda *nolens volens* e veja por conta própria que no fim a culpa foi dele mesmo. Com isso, você afina o seu ataque. Ainda que dotado de polidez, ele quis insinuar que você estava falando tolices; e você, com a mesma cortesia, prova-lhe que ele não passa de um tolo.

XXXII

Se você se deparar com uma afirmação, existe uma maneira breve de se livrar dela ou pelo menos de lançar suspeitas sobre ela, colocando-a em alguma posição odiosa; mesmo que a conexão seja apenas aparente, ou talvez de caráter vago. Por exemplo, você pode dizer: "Isso é maniqueísmo", ou "arianismo", "pelagianismo", "idealismo", "espinosismo", "panteísmo", "brownianismo", "naturalismo", "ateísmo", ou ainda "racionalismo", "espiritualismo", "misticismo", e assim por diante. Ao fazer uma objeção desse tipo, você assume como certo (1) o fato de que a afirmação em questão é idêntica ou pelo menos está contida na categoria citada; ou seja, você exclama: "Ah, eu já ouvi falar disso antes"; e (2) que o referido sistema foi inteiramente refutado e não contém uma palavra sequer de verdade.

XXXIII

"Tudo fica muito bem na teoria, mas não funciona na prática." Nesse sofisma, você admite as premissas, no entanto nega a conclusão, o que se coloca em total contradição com uma conhecida regra da lógica. A afirmação parte de uma impossibilidade: o que é certo na teoria *deve* funcionar na prática; e se não funcionar, há portanto um erro na teoria; algo foi esquecido e não permitido; por consequência, aquilo que está errado na prática também está errado na teoria.

XXXIV

Quando você faz uma pergunta, ou mesmo expõe um argumento, e o seu oponente não lhe dá nenhuma resposta, ou um contra-argumento direto, mas em vez disso se esquiva com uma contrapergunta, uma resposta indireta, ou até mesmo alguma afirmação que não tem qualquer relação com o assunto em si, e de forma geral tenta justamente mudar de assunto, é um sinal certeiro de que você tocou em um ponto fraco, e às vezes sem saber. Em um modo de dizer, você acabou o reduzindo ao mero silêncio. Logo, você precisa insistir ainda mais nesse mesmo ponto, não deixar que o oponente fuja dele, mesmo quando você não sabe onde realmente está a fraqueza percebida.

XXXV

Há ainda outro artifício que, assim que possível, torna todos os outros desnecessários. Em vez de trabalhar com o intelecto do oponente por meio de argumentos, trabalhe com a vontade dele por meio da motivação; tanto ele quanto o público, se tiverem interesses semelhantes, serão conquistados de imediato pela sua opinião, mesmo que você a tenha extraído de um manicômio; porque, como regra geral, meio quilo de vontade é mais eficaz do que cem quilos de perspicácia e inteligência. Mas isso só pode ser realizado em circunstâncias peculiares. Se você conseguir fazer o oponente sentir que a opinião dele, caso se mostre verdadeira, será nitidamente prejudicial aos seus próprios interesses, ele a deixará cair como se fosse uma batata quente e sentirá que foi imprudente demais trazê-la à tona.

Um clérigo, por exemplo, está defendendo determinado dogma filosófico; você o faz ver que está em contradição imediata com uma das doutrinas fundamentais da própria Igreja, e assim ele abandona o argumento.

Um proprietário de terras afirma que o uso de maquinário nas operações agrícolas, da mesma forma como se pratica na Inglaterra, é excelente, afinal uma máquina faz o trabalho de diversos homens. Você então dá a entender que não vai levar muito tempo até que as carruagens também sejam movidas a vapor e que o valor do grande garanhão dele será extremamente depreciado; logo você verá o que ele dirá a respeito.

Em casos assim, toda pessoa sente o quanto é fora de cogitação sancionar uma lei injusta para si mesmo, *quam temere in nosmet legem sancimus iniquam!* Também não é diferente quando os espectadores, e não o seu oponente, pertencem à mesma seita, guilda, indústria, ao mesmo clube etc. que você. Nunca permita que a tese dele seja tão verdadeira; assim que você insinuar que ela na realidade é prejudicial aos interesses comuns dessa dita sociedade, todos os espectadores se darão conta de que os argumentos do seu oponente, por melhores que se revelem, são no fim das contas fracos e desprezíveis; e que os seus, por outro lado, ainda que não passem de conjecturas aleatórias, estão corretos e são diretos; você então se verá sob um coro de enorme aprovação do seu lado, seu oponente será expulso do campo com ignomínia. Via de regra, os espectadores acreditarão que concordaram com você por pura convicção. Porque aquilo que não é do nosso interesse geralmente nos parece absurdo; o nosso intelecto não é nenhum *siccum lumen*. Esse artifício pode ser chamado de "pegar o peixe pela boca", usualmente conhecido como *argumentum ab utili*.

XXXVI

Você também pode confundir e até mesmo desnortear o oponente usando um mero discurso bombástico; esse artifício é possível porque geralmente a pessoa supõe que deve haver algum significado nas palavras de Goethe:

> ***Gewöhnlich glaubt der Mensch,***
> ***wenn er nur Worte hört,***
> ***Es müsse sich dabei doch auch***
> ***was denken lassen.***

[Normalmente as pessoas só acreditam em palavras.
Ali também deveria haver algo sobre o qual refletir.]

E se ele está secretamente consciente de sua própria fraqueza, além de acostumado a ouvir muito sobre aquilo que não entende, e então agir como se entendesse, você facilmente consegue lhe impor qualquer tolice séria que soe profunda ou erudita demais, privando-o assim de audição, visão e até pensamento; dando como certo que é a prova mais indiscutível daquilo que você afirma. Já é bem notório o fato de que, nos últimos tempos, alguns filósofos praticaram esse mesmo artifício em todo público com o qual se deparava e, por consequência, obtinham o mais brilhante sucesso. No entanto, como os exemplos atuais são odiosos, podemos nos referir a *The Vicar of Wakefield* como um antigo.

XXXVII

E caso o seu oponente esteja certo, mas, e felizmente para a sua alegação, escolha uma prova um tanto defeituosa, você facilmente será capaz de refutá-la; em seguida, alegar que dessa forma refutou também toda a posição dele. Esse é um artifício que deveria ser um dos primeiros; no fundo, trata-se de um meio pelo qual um *argumentum ad hominem* é apresentado como um *argumentum ad rem*. Se nenhuma prova precisa ocorrer a ele ou mesmo aos espectadores, você então ganhou o dia. Por exemplo, se um homem avança no argumento ontológico por meio da prova da existência de Deus, você consegue tirar vantagem sobre ele, afinal o argumento ontológico pode ser facilmente refutado. Essa é a forma pela qual os advogados ruins perdem um bom caso, pois tentam justificá-lo por uma autoridade que não se encaixa nele, justamente quando nenhuma que seja adequada lhes ocorre.

XXXVIII

Um último artifício é partir para o lado pessoal, tornar-se ofensivo e até rude no instante em que perceber que o oponente está em vantagem e que você vai levar a pior. Isso significa passar do objeto da disputa, já que o jogo está perdido, para o próprio participante da disputa em si, e de alguma forma atacar a pessoa. Esse pode ser chamado de *argumentum ad personam*, para distingui-lo do *argumentum ad hominem*, que passa da discussão objetiva do assunto puro e simples para as declarações ou até as admissões que o seu oponente fez a respeito do tema discutido. Contudo, ao se tornar pessoal, você abandona por completo o assunto em si e direciona todo o ataque à pessoa dele, usando comentários de caráter ofensivo e até rancoroso. É um apelo das virtudes do intelecto às virtudes do corpo, ou talvez ao mero animalismo. Esse artifício é bastante popular porque todos são capazes de executá-lo; justamente por isso é aplicado com frequência. Agora a questão que fica é a seguinte: que tipo de contra-artifício vale para a outra parte? Afinal, se ele recorrer ao mesmo, haverá golpes, duelo ou mesmo ação por calúnia.

Seria um erro gigantesco supor que basta não se tornar pessoal. Ao mostrar para um homem, mesmo que discretamente, que ele está errado e que o que ele diz e pensa está incorreto, o que é um processo decorrente de toda vitória dialética, você o amargura mais do que se usasse qualquer expressão rude ou ofensiva. Isso acontece porque, como observa Hobbes,[7] todo prazer mental consiste na capacidade de se comparar com os outros em benefício próprio. Para um indivíduo, nada é mais importante do que a gratificação da própria vaidade dele, nenhuma ferida é mais dolorosa do que aquela infligida a ela. Daí que surgem frases como "Prefiro a morte à desonra" e afins. A gratificação da vaidade surge essencialmente pela comparação de si mesmo com os outros, em todos os aspectos, mas principalmente naquele que diz respeito aos próprios poderes intelectuais; por conseguinte, a gratificação mais eficaz e mais forte disso pode ser encontrada justamente na controvérsia. É daí que surge a amargura da derrota, independentemente de qualquer questão de injustiça; e, portanto, recorrer a essa última arma, esse último artifício, do qual você não consegue escapar por meio da mera polidez. Contudo, uma atitude fria é capaz de ajudá-lo em um caso desse tipo, apenas quando o oponente for para o lado pessoal; responda calmamente: "Isso não tem qualquer relação com o ponto sobre o qual estamos discutindo" e imediatamente retome a conversa e continue a mostrar que ele

---

7. *Elementa philosophica* de Cive.

está errado, sem tomar qualquer conhecimento dos insultos dirigidos a você. Diga, como Temístocles disse a Euribíades: *Você pode até continuar me golpeando, mas ouça-me.* Porém, um comportamento assim não é presenteado a todos.

Como um aguçamento da inteligência, a controvérsia muitas vezes, e de fato, é uma vantagem mútua, com o único objetivo de corrigir os pensamentos de alguém, de despertar novos pontos de vista. Todavia, no aprendizado e no poder mental, ambos os que participam de tal disputa devem ser iguais de uma forma tolerável. Caso um careça de aprendizado, não conseguirá entender o outro, porque não está no mesmo nível do antagonista. Se lhe faltar poder mental, ele ficará amargurado, será levado a adotar artifícios desonestos e acabará sendo rude.

Portanto, a única regra segura é aquela que Aristóteles menciona no último capítulo de *Tópicos*: não discuta com a primeira pessoa que encontrar, apenas com aqueles que efetivamente são dotados de inteligência e autorrespeito suficientes para assim não resvalar nos absurdos; apele para a razão, e não para a autoridade, ouça a razão e renda-se a ela; e, por fim, valorize a verdade, esteja disposto a aceitar a razão mesmo que ela venha de um oponente e tenha integridade para suportar não estar com a razão quando a verdade estiver do outro lado. A partir disso, vem o fato de que dificilmente compensa discutir com uma em cada cem pessoas. Você pode deixar o restante dizer o que bem quiser, pois cada um tem total liberdade de ser um tolo, *desipere est juris gentium*. Lembre-se do que diz Voltaire: *La paix vaut encore mieux que la vérité*. Lembre-se também de um provérbio árabe que nos diz que *na árvore do silêncio pende o fruto dela: a paz*.

SOBRE O GRAU DE COMPARAÇÃO ENTRE INTERESSE E BELEZA EM OBRAS DE ARTE

Nas produções da genialidade poética, especialmente as dos tipos épico e dramático, além da beleza, existe outra qualidade que se mostra atraente: refiro-me ao *interesse*.

A beleza de uma obra de arte consiste no fato de ela ser um espelho claro para determinadas *ideias* inerentes ao mundo em geral; a beleza de uma obra de arte poética, em particular, jaz no fato de que ela traduz as ideias inerentes à humanidade; dessa forma, a conduz ao conhecimento dessas mesmas ideias. Os meios utilizados pela poesia para tal fim são a exibição de personagens significativos e a invenção de circunstâncias que trarão à tona situações tão significativas quanto, dando aos personagens a oportunidade de revelar as peculiaridades de cada um e mostrar o que existe neles; de modo que, por meio dessa representação, pode ser alcançado um conhecimento mais claro e completo da ideia multifacetada da humanidade. No entanto, a beleza, em seu aspecto geral, é a característica inseparável da ideia uma vez que se torna conhecida. Em outras palavras, tudo aquilo em que uma ideia se revela é belo; afinal, ser belo significa nada além de expressar uma ideia com clareza.

Assim, percebemos que a beleza é sempre uma questão de *conhecimento* e que ela apela ao *sujeito cognoscente*, e não à *vontade*; indo mais além, é um fato a apreensão da beleza por parte do sujeito envolver uma completa supressão da vontade.

Por outro lado, consideramos interessante a poesia ou o drama do tipo descritivo quando cada um deles representa acontecimentos e ações cuja natureza necessariamente desperta preocupação ou simpatia; como aquela que sentimos durante acontecimentos reais que nos envolvem. O destino da pessoa representada neles é sentido da mesma forma que o nosso: aguardamos com ansiedade o desenrolar dos fatos; seguimos ansiosos o curso dela; o coração acelera quando o herói é ameaçado; o pulso vacila quando o perigo atinge o seu clímax e lateja mais uma vez quando ele é resgatado de repente. Até chegarmos ao final da história, não conseguimos deixar o livro de lado; nós nos deitamos noite adentro ao simpatizarmos com os problemas do nosso herói como se fossem os nossos próprios. Em vez de encontrar prazer e diversão nessas representações, deveríamos sentir toda a dor que muitas vezes a vida real nos inflige; ou pelo menos o tipo que nos persegue nos nossos sonhos inquietos, caso no ato de ler ou olhar para o palco não tenhamos sempre o chão firme da realidade sob os nossos pés. Como podemos encontrar alívio para a ilusão do momento, sob o estresse de um sentimento extremamente violento, e depois ceder novamente à vontade. Além disso, somos capazes de obter esse alívio sem qualquer transição violenta, da mesma forma como ocorre durante um sonho, quando nos livramos dos terrores experienciados nele apenas pelo ato de acordar.

É óbvio que a coisa afetada por uma poesia desse tipo é justamente a nossa vontade, não apenas os nossos poderes intelectuais puros e simples. Logo, a palavra "interesse" significa aquilo que desperta a preocupação da vontade individual, *quod nostrâ interest*; é nesse ponto que a beleza se distingue com clareza do interesse. O primeiro é um assunto do intelecto, também do tipo mais puro e simples. O segundo age sobre a vontade. Então, a beleza consiste em uma apreensão de ideias; já o conhecimento desse caráter está para além do alcance do princípio de que nada acontece sem uma causa aparente. O interesse, por outro lado, não tem origem senão no curso dos acontecimentos; isto é, nas complexidades possíveis apenas por meio da ação desse princípio nas diversas formas dele.

Então agora obtivemos uma concepção clara da diferença essencial entre a beleza e o interesse de uma obra de arte. Reconhecemos, portanto, que a beleza é o verdadeiro fim de toda e qualquer arte, por consequência também da arte poética. Resta, portanto, questionar se o interesse de uma obra de arte é um segundo fim ou um meio para a exibição da beleza dela; ou se o interesse é produzido pela própria beleza dela, como um concomitante essencial e que surge por si mesmo assim que se torna belo; ou ainda se os interesses são de alguma forma compatíveis com o fim principal da arte; ou, finalmente, se é um obstáculo para isso.

Em primeiro lugar, deve-se observar que o interesse de uma obra de arte se limita às obras de arte poéticas. O que não se aplica às belas artes, à música ou à arquitetura. Com essas formas de arte, isso não é sequer algo concebível, a menos que de fato o interesse seja de caráter inteiramente pessoal, restrito a um ou dois espectadores; por exemplo, quando a foto é o retrato de alguém que amamos ou odiamos; o prédio pode ser a minha casa ou a minha prisão; a música pode significar a minha dança de casamento ou a melodia sob a qual marchei para a guerra. Esse tipo de interesse claramente é estranho à essência e ao propósito da arte; ele perturba o nosso julgamento ao mesmo tempo que torna impossível a existência de uma atitude puramente artística. Mas, de fato, pode ser que em menor grau isso seja verdade para todos os interesses.

Ora, como o interesse de uma obra de arte reside no fato de que temos o mesmo tipo de simpatia para com uma representação poética e a realidade, fica óbvio que a representação deve nos enganar no momento em que se revela a nós; só é capaz de fazer isso graças à verdade dela. Contudo, a verdade é em si um elemento na arte perfeita. Uma imagem ou um poema deve ser tão verdadeiro quanto a própria natureza; porém, ao mesmo tempo, deve enfatizar tudo aquilo que molda o caráter único do assunto abordado por ela, extraindo assim todas as manifestações essenciais inerentes a ele e rejeitando tudo o que não é essencial, tudo o que não é acidental. A imagem ou o poema enfatizará, dessa forma, a ideia que carrega em si e nos dará aquela *verdade ideal* superior à natureza.

Logo, a *verdade* forma o ponto comum ao interesse e à beleza em uma obra de arte, porque é a verdade dela que produz a ilusão. O fato de a verdade sobre a qual falo ser a *verdade ideal* realmente tem a capacidade de prejudicar a ilusão, porque é justamente aqui que temos a diferença geral entre poesia e realidade, entre arte e natureza. Entretanto, como é possível que a realidade coincida com o ideal, não é verdadeiramente necessário que essa diferença destrua a ilusão. No caso das artes plásticas, existe certo limite no âmbito dos meios que a arte adota e, para além dele, a ilusão é impossível. A escultura nos dá uma mera forma incolor, por assim dizer, as figuras são desprovidas de olhos e movimento; já a pintura não nos oferece mais do que uma visão única, enclausurada em limites definidos, que separam o quadro da realidade adjacente. Então, não há espaço aqui para a ilusão e, por consequência, espaço nenhum para aquele interesse ou aquela simpatia que se assemelha ao interesse que temos na realidade; a vontade é excluída de imediato, apenas o objeto é apresentado a nós de uma forma que o liberta de qualquer preocupação pessoal.

É um fato altamente notável que um tipo espúrio de belas artes ultrapasse esses limites, produza uma ilusão de realidade e assim desperte o nosso interesse; entretanto, ao mesmo tempo, ele destrói o efeito que a bela arte produz e serve apenas como um mero meio de exibir o belo, isto é, de comunicar um conhecimento das ideias que ela incorpora. Refiro-me aqui ao *trabalho em cera*. Nesse caso, poderíamos dizer que aqui está a linha divisória que a separa do domínio das belas artes. Quando o trabalho em cera é executado da forma correta, produz uma ilusão perfeita; só que justamente por isso nos aproximamos de uma figura de cera da mesma maneira como nos aproximamos de uma pessoa de verdade; ambas, naquele momento, são um objeto apresentado à nossa vontade. Ou seja, é um objeto de interesse; desperta a vontade e, consequentemente, acalma o intelecto. Chegamos a uma figura de cera tão reservados e cautelosos quanto o faríamos a uma pessoa real: a nossa vontade se empolga; espera para ver se será amigável conosco, ou rude, se fugirá de nós ou nos atacará; em suma, ela espera alguma ação por parte da figura. Porém, por não dar qualquer sinal de vida, a estátua produz a impressão tão desagradável quanto a de um cadáver. Esse é um caso no qual o interesse é do tipo mais completo; ainda assim, ali não existe obra de arte. Em outras palavras, o interesse em si mesmo não é um fim real da arte.

A mesma verdade é ilustrada pelo fato de que, até na poesia, apenas o tipo dramático e descritivo suscita interesse; porque se esse interesse fosse, com a beleza, o objetivo da arte, a poesia lírica, pela mesma razão, não ocuparia metade da posição que os outros dois tipos ocupam.

Em segundo lugar, se o interesse fosse um meio de produção de beleza, toda obra interessante também seria bela. Todavia, esse não é o caso, de forma alguma. Um drama ou um romance pode muitas vezes nos atrair por ser interessante, mesmo assim é capaz de ser tão inteiramente deficiente em qualquer tipo de beleza que depois nos envergonhamos de ter perdido tempo com eles. Isso se aplica a diversos dramas que não oferecem uma imagem verdadeira sobre a vida real do ser humano; que contêm personagens desenhados de forma bastante superficial, ou tão distorcidos que mais parecem monstruosidades reais, de um jeito que não são encontrados na natureza; no entanto, o curso dos eventos e o desenrolar da ação são tão intrincados, sentimos tanto pelo herói na situação em que ele se encontra, que não ficamos contentes até testemunharmos o nó sendo desembaraçado e o herói por fim resgatado. A ação é regida e guiada de forma tão hábil em seu curso que permanecemos sob um estado de curiosidade constante sobre aquilo que vai acontecer e somos inteiramente incapazes de adivinhar; para que assim o nosso interesse se mantenha ativo entre a ânsia e a surpresa; como estamos entretidos de uma maneira tão agradável, não notamos o tempo passar. Na maioria das peças de Kotzebue, há esse personagem. Para a massa, isso é o correto: ela busca diversão, algo para matar o tempo, e não para treinar uma percepção intelectual. A beleza é uma questão dessa percepção; logo, a sensibilidade à beleza varia tanto quanto as próprias faculdades intelectuais. Mas, para essa mesma massa, não tem sentido algum haver uma verdade interior de representação e uma correspondência dela com a natureza real da humanidade. O que é plano e superficial ela consegue assimilar, no entanto as profundezas da natureza humana são abertas em vão para ela.

É possível observar também que as representações dramáticas cujo valor depende do interesse delas perdem ao serem repetidas, afinal não são mais capazes de despertar a curiosidade em relação ao curso da história, visto que já é conhecido. Vê-las com frequência as torna obsoletas, tediosas até. Por outro lado, as obras cujo valor reside na beleza só têm a ganhar com a repetição, por meio da qual são cada vez mais compreendidas.

A maioria dos romances está em pé de igualdade com as representações dramáticas quanto a esse quesito. São criaturas vindas do mesmo tipo de imaginação as que vemos no contador de histórias nas ruas de Veneza e Nápoles, que coloca um chapéu no chão e espera até que uma audiência se reúna ali. Em seguida, ele conta uma história que cativa tanto os presentes que, quando finalmente chega ao clímax, faz uma ronda por entre a multidão, estendendo o chapéu, pedindo contribuições, sem o menor medo de que os ouvintes vão embora. Contadores de histórias parecidos também exercem seu ofício em outros países, alguns de maneira indireta. Eles o fazem por meio de editores e bibliotecas circulantes. Dessa forma, podem evitar serem vistos usando maltrapilhos, como os colegas em outros lugares; podem oferecer ao público os filhos da própria imaginação sob o título de romances, contos, poemas românticos, contos de fadas e afins; o público, usando roupão junto à lareira, senta-se mais à vontade, também extremamente paciente, para gozar do interesse que essas tantas histórias proporcionam.

O pouco valor estético que geralmente existe nas produções desse tipo já é bem conhecido; no entanto, não se pode negar o fato de que muitos deles são interessantes; caso contrário, como poderiam ser tão populares?

Portanto, em resposta à nossa segunda pergunta, vemos que o interesse não envolve necessariamente a beleza; e também é verdade que a beleza não necessariamente envolve o interesse. Personagens significativos podem ser representados, do tipo que revelam as profundezas da natureza humana; tudo pode ser expresso por meio de ações e sofrimentos de um tipo excepcional, para que dessa maneira a natureza real da humanidade e do mundo possa vir à tona na imagem da forma mais clara, das linhas mais fortes; ainda assim, nenhum grau elevado de interesse pode ser despertado no curso dos eventos pelo progresso contínuo da ação, pela complexidade, ou pela resolução inesperada da trama. As obras-primas imortais de Shakespeare contêm pouca coisa que desperte interesse; a ação não avança em constância, vacila, como em *Hamlet*, durante a peça inteira; ou então se espalha em extensão, como em *O mercador de Veneza*, enquanto o comprimento é a dimensão apropriada do interesse; ou há casos em que as cenas se unem frouxamente, como em *Henrique IV*. É assim que os dramas de Shakespeare não produzem nenhum efeito apreciável na massa.

A exigência dramática enunciada por Aristóteles, mais particularmente a unidade da ação, tem em vista o interesse da peça mais do que a beleza artística que ela possa vir a ter. De forma geral, pode-se dizer que esses requisitos são elaborados de acordo com o princípio da razão suficiente à qual aludi antes. Contudo, sabemos muito bem que a *ideia*, e por consequência a beleza de uma obra de arte, existe apenas para a inteligência perceptiva que conseguiu se libertar do domínio desse princípio. É justamente aqui que encontramos a distinção entre interesse e beleza; fica óbvio que o interesse é parte integrante da atitude mental regida pelo princípio, enquanto a beleza está sempre para além do alcance dele. A melhor e mais contundente refutação das unidades aristotélicas é a de Manzoni, que pode ser encontrada no prefácio de seus dramas.

O que vale para as obras dramáticas de Shakespeare também vale para as de Goethe. Mesmo *Egmont* causa efeito mínimo no público, porque quase não contém complicação ou desenvolvimento; se *Egmont* falha, o que diremos de *Tasso* ou *Iphigenia*? Que os trágicos gregos não buscavam o interesse como meio de influenciar o público, o que fica claro pelo fato de que o material das obras-primas deles quase sempre eram conhecidas por todos: selecionavam eventos que muitas vezes já haviam recebido tratamento dramático antes. O que nos revela como o público grego era sensível ao belo, porque isso não exigia o interesse por acontecimentos inesperados e novas histórias para incrementar sua diversão.

A qualidade do interesse também não costuma ser atribuída às obras-primas da poesia descritiva. Homero expõe o mundo e a humanidade diante de nós sob a verdadeira natureza deles, mas não se preocupa em atrair a nossa simpatia por meio de uma complexidade de circunstâncias ou mesmo em nos surpreender usando envolvimentos inesperados. O ritmo é demorado; ele para em cada uma das cenas; coloca tranquilamente diante de nós uma imagem após a outra, elaborando-a com esmero. Nós não experimentamos qualquer emoção apaixonada ao ler essa obra; o nosso comportamento é de pura inteligência perceptiva; ela não desperta a nossa vontade, mas canta para repousar; não representa esforço algum interromper a nossa leitura, afinal não estamos sob a condição de uma curiosidade ansiosa. O que é ainda mais verdadeiro quando se trata de Dante, cuja obra, no sentido próprio da palavra, não é um épico, mas um poema descritivo. O mesmo pode ser dito sobre os quatro romances imortais: *Dom Quixote*, *Tristram Shandy*, *La Nouvelle Heloïse* e *Os anos de aprendizado de Wilhelm Meister*. Despertar interesse não é o objetivo principal dessas obras de forma alguma; em *Tristram Shandy*, mesmo no final do livro, o herói ainda tem oito anos de idade.

Por outro lado, não devemos nos aventurar na afirmação de que a qualidade do interesse não se encontra nas obras-primas da literatura. Já temos isso nos dramas de Schiller em um grau apreciável o bastante, e consequentemente são populares; também em *Édipo rei,* de Sófocles. Entre as obras-primas descritivas, *Orlando furioso,* de Ariosto; um exemplo de grau elevado de interesse, conectado ao belo, pode ser obtido no excelente romance de Walter Scott: *The Heart of Midlothian.* Essa é a obra de ficção mais interessante que conheço, na qual todos os efeitos devidos ao interesse, da forma como expus nas observações anteriores, podem ser percebidos com mais clareza. Ao mesmo tempo é um belo romance; revela as mais variadas imagens da vida, desenhadas por meio de uma verdade impressionante, e exibe personagens intensamente diferentes com uma profunda justiça e fidelidade.

Portanto, o interesse sem dúvida é compatível com a beleza. E essa foi a nossa terceira questão. Contudo, uma mistura comparativamente pequena do elemento de interesse pode ser bastante vantajosa quanto à beleza; pois ela foi, é e continuará sendo o objetivo da arte. A beleza está em dupla oposição para com o interesse; em primeiro lugar, porque reside na percepção da ideia, percepção essa que tira o próprio objeto inteiramente do alcance das formas enunciadas pelo princípio da razão suficiente; ao passo que o interesse tem a esfera calcada principalmente na circunstância; é desse princípio que surge a complexidade da circunstância. Em segundo lugar, o interesse funciona ao estimular a vontade; já a beleza existe exclusivamente para a mais pura inteligência perceptiva, desprovida de vontade. Todavia, diante da literatura dramática e descritiva se faz necessária uma mistura de interesse, assim como uma substância volátil e gasosa requer base material para ser preservada e então transferida. Em parte, e de fato, essa mistura é necessária porque o próprio interesse é criado pelos eventos que devem ser planejados para colocar os personagens em movimento; e em parte porque a nossa mente já estaria cansada de assistir a cena após cena se não nutrisse uma preocupação por nós; ou mesmo exaurida de passar de uma imagem significativa para outra sem sermos atraídos por algum fio secreto. É isso que chamamos de interesse; é a simpatia que o evento em si nos obriga a sentir, que, ao prender nossa atenção, torna a mente obediente ao poeta e ainda capaz de segui-lo em todas as partes da história que ele conta.

Caso o interesse de uma obra de arte seja suficiente para alcançar esse resultado, ela faz tudo o que possa ser exigido dela; pois seu único serviço é conectar as imagens por meio das quais o poeta quer comunicar um conhecimento do campo das ideias como se fossem pérolas e o interesse fosse o fio que as mantém juntas e assim cria o colar. Mas o interesse se revela prejudicial à beleza no instante em que esse limite é ultrapassado; como quando somos conduzidos pelo interesse de um livro a tal ponto que, sempre que chegamos a uma descrição detalhada em um romance, ou a uma longa reflexão por parte de um personagem de um drama, ficamos impacientes e queremos colocar esporões no nosso autor, para assim conseguir acompanhar com mais celeridade o desenrolar dos acontecimentos. Histórias épicas e dramáticas, nas quais a beleza e o interesse estão igualmente presentes em alto nível, podem ser comparadas ao funcionamento de um relógio, no qual o interesse é a mola que mantém todas as engrenagens em movimento. Se elas funcionassem sem serem impedidas, o relógio pararia em poucos minutos. A beleza, ao nos manter firmes no encanto da descrição e da reflexão, é como o barril que detém seu movimento.

Ou podemos dizer que o interesse é o corpo de uma obra poética, e a alma é a beleza. No épico e no drama, o interesse, assim como a qualidade necessária da ação, é a única coisa que importa; já a beleza não passa da forma que a matéria requer para finalmente ser visível.

OBSERVAÇÕES PSICOLÓGICAS

No instante em que uma aflição profunda nos atinge, ficamos magoados ao nos darmos conta de que o mundo ao nosso redor segue despreocupadamente o próprio caminho. Como Goethe diz em *Tasso*, com que facilidade ele nos deixa desamparados, sozinhos e segue seu curso como o sol, a Lua e os outros deuses:

> ***...die Welt, wie sie so leicht,***
> ***Uns hülflos, einsam lässt, und***
> ***ihren Seg, Wie Sonn' und Mond***
> ***und andre Götter geht.***

Só que não mais! O fato de que até nós mesmos tenhamos que continuar com a rotina mecânica dos nossos problemas diários, e que milhares das nossas próprias ações não sejam nem devam ser afetadas pela dor que lateja dentro de nós, é algo intolerável. Logo, para restaurar a harmonia entre nossas ações externas e os nossos sentimentos internos, atacamos e gritamos, arrancamos os cabelos e pisoteamos com dor ou raiva.

O nosso temperamento é tão *despótico* que não ficamos satisfeitos, a menos que atraiamos tudo para nossa própria vida e obriguemos todo mundo a simpatizar conosco. A única forma de conseguir isso seria recebendo o amor dos outros, para que as aflições que oprimem nosso coração oprimissem também o deles. Uma vez que isso é atendido com certa dificuldade, por diversas vezes escolhemos o caminho mais curto e despejamos nosso fardo de pesar em pessoas que não se importam, que ouvem com curiosidade, mas sem qualquer simpatia, quiçá com satisfação.

O discurso e a comunicação do pensamento, que em suas relações mútuas sempre são acompanhadas por um leve impulso da vontade, são praticamente uma necessidade física. No entanto, às vezes os animais inferiores me divertem muito mais do que o ser humano comum. Em primeiro lugar porque o que essa pessoa pode dizer são meras concepções, isto é, as ideias mais secas, que podem ser comunicadas por meio de palavras; que tipo de concepções esse ser humano comum possui para comunicar, se ele meramente conta uma história ou faz um relatório e nada disso gera uma conversa? O maior encanto das conversas é a parte mimética delas, o caráter que se manifesta, ainda que mínimo. Pegue o melhor entre os seres humanos; quão pouco ele é capaz de dizer sobre aquilo que se passa dentro dele, uma vez que tudo não passa de concepções comunicáveis; ainda assim, uma conversa com alguém inteligente é um dos maiores prazeres possíveis.

Não é apenas o fato de que as pessoas comuns têm pouco a dizer, é que o intelecto delas as direciona para uma ocultação e distorção dele; e justamente o que lhes confere um caráter tão lamentável é a necessidade de praticar essa ocultação; de modo que aquilo que exibem não é nem o pouco que elas possuem, mas uma máscara, um disfarce. Os animais inferiores, desprovidos de racionalidade, não conseguem esconder nada; são completamente ingênuos e, por consequência, bastante divertidos, claro, se tivermos um olhar apurado para perceber o tipo de comunicação que eles usam. Falam não por meio de palavras, mas usando a forma e a estrutura que possuem, o modo de vida e as coisas que estabelecem; para um observador perspicaz, eles se expressam de uma maneira bastante agradável e divertida. É uma vida repleta de variedades que se apresenta diante do ser humano, muito diferente quanto à manifestação; ainda assim, é essencialmente a mesma vida. Uma vez que a reflexão é colocada de lado, ele a enxerga na forma simples que ela possui; afinal, com os animais inferiores a vida é levada inteiramente no e para o momento presente: apenas o agora é apreendido pelo animal; ele não tem preocupação alguma, pelo menos nenhuma que seja consciente, não se ocupa em pensar sobre o amanhã nem nutre medo da morte; logo, ele se ocupa inteiramente com a vida e com o viver.

A conversa entre as pessoas comuns, quando não se refere a nenhum fato específico e ganha um caráter mais geral, consiste principalmente nos lugares-comuns banais, que repetem entre si de uma forma alternada com a maior complacência.[1]

Algumas pessoas podem desprezar qualquer bênção no instante em que deixam de possuí-la; outras, apenas quando a obtém. Dentre os dois tipos, o último é o mais infeliz e mais nobre.

Quando o coração machucado deixa de sofrer por qualquer objeto em particular e é oprimido pela vida como um todo, é possível dizer que ele de certa forma faz um retiro em si mesmo. Existe aqui um recuo, uma extinção gradual da vontade, por meio da qual o corpo, que no fundo é a manifestação da vontade, segue com lentidão, porém seguramente enfraquecido; já o indivíduo experimenta uma dissolução constante dos próprios laços, um pressentimento silencioso da morte. Logo, o coração que sofre tem uma alegria secreta que é própria; imagino que seja isso o que os ingleses chamam de "a alegria do sofrimento".

---

1. Esta observação consta na versão em inglês do livro de Schopenhauer. (Nota da tradução inglesa)

A dor desse sofrimento que se estende à vida como um todo e afrouxa o nosso apego a ela é a única dor realmente *trágica*. Aquela que se liga a objetos específicos é na verdade uma vontade quebrada, mas não resignada; ela até exibe a luta e a contradição interiores da vontade e da própria vida; é cômica, mas nunca tão violenta. É como a dor do avarento pela perda do próprio tesouro. Mesmo que a dor do tipo trágico advenha de um único objeto definido, ela não permanece ali; toma a aflição apartada apenas como um *símbolo* da vida na inteireza dela e, assim, a transfere para lá.

O *aborrecimento* está para a atitude do indivíduo como a inteligência para o controle imposto a uma manifestação profunda desse indivíduo em forma de vontade. Existem duas formas de evitá-la: reprimindo a violência dela, ou seja, por meio da virtude; ou evitando que a inteligência se delongue na situação perigosa – em outras palavras, pelo estoicismo.

Cair nas graças de uma mulher muito bonita apenas pela personalidade talvez seja uma satisfação maior para a vaidade do que para qualquer outra coisa; afinal, pelo menos é uma garantia de que a personalidade de uma pessoa é equivalente à de quem é estimado, desejado e desafiado acima de todos os outros. É por isso que o amor desprezado é uma dor tão grande, especialmente quando está associado ao ciúme resultado de fundamentos consistentes.

Com essa alegria e essa dor, é provável que a vaidade esteja mais aflita do que os sentidos, porque são justamente as coisas da mente, e não a mera sensualidade, que produzem essas convulsões violentas. Os animais inferiores já estão familiarizados com a luxúria, mas não com os prazeres apaixonados e as dores de amor.

Ser colocado em uma cidade ou país estranho repetidas vezes, um lugar onde o modo de vida, talvez até mesmo o idioma, seja muito diferente do nosso, a princípio é como entrar em água fria. Somos colocados subitamente em contato com uma nova temperatura e sentimos uma influência poderosa e superior vinda de fora que nos afeta de uma forma desconfortável. Então nos vemos em um elemento estranho, no qual não conseguimos nos mexer com facilidade; além disso, temos a sensação de que, embora tudo aquilo nos pareça estranho, nós mesmos impressionamos os demais da mesma forma. Contudo, no instante em que nos acomodamos um pouco e nos reconciliamos com o ambiente, assim que nos apropriamos um pouco da temperatura dele, sentimos uma sensação extraordinária de pura satisfação; é como tomar banho com água fria: ajustamo-nos àquele novo elemento e deixamos de ter qualquer preocupação anteriormente necessária conosco. Dedicamos toda a nossa atenção imperturbável ao nosso ambiente, perante o qual agora nos sentimos superiores por poder vê-lo de maneira objetiva e desinteressada, em vez de sermos oprimidos por ele, como acontecia antes.

Quando estamos em uma viagem, e quaisquer tipos de objetos minimamente notáveis chamam a nossa atenção, frequentemente o alimento intelectual que recebemos é tão volumoso que não temos tempo para fazer digestão; lamentamos que as impressões que se sucedem de forma tão rápida não deixem para trás vestígios permanentes. Porém, no fundo é o mesmo que viajar e ler. Quantas vezes reclamamos que não conseguimos nos lembrar de uma milésima parte daquilo que lemos! Todavia, em ambos os casos conseguimos nos consolar com a reflexão de que as coisas que vemos e lemos impressionam a mente antes de serem esquecidas e, assim, contribuem para a sua formação e nutrição; já aquilo que meramente lembramos não faz mais do que inflar a mente, preenchendo as cavidades dela com uma matéria que sempre lhe será estranha, deixando em si mesma um vazio.

São as inúmeras e variadas formas em que a vida humana nos é apresentada durante nossas viagens que as tornam divertidas. Só que nunca enxergamos mais do que o exterior dela, da mesma forma como está em toda parte disponível, bem à vista do público, acessível a estranhos. Por outro lado, a vida humana, o interior dela, o coração, o centro, onde ela vive, se move e revela o próprio caráter, em particular aquela parte do interior que poderia ser vista em casa, em meio aos nossos parentes, mas que não é; nós a trocamos pela parte exterior. É por isso que, ao longo das nossas viagens, vemos o mundo como uma paisagem pintada, de horizonte bastante amplo, porém sem primeiro plano; e por que com o tempo nos cansamos disso.

*

Uma pessoa está mais preocupada com a impressão que causa na humanidade; já outra, com a impressão que a humanidade causa nela. A disposição de uma é subjetiva; da outra, objetiva; uma delas é, em toda a sua existência, mais parte da natureza de uma ideia meramente apresentada; a outra, mais do ser que apresenta essa ideia.

*

Na maioria das vezes, uma mulher não dará o primeiro passo para se aproximar de um homem amorosamente; porque, mesmo se for bela, ela sempre está sob o risco de uma recusa. Já um homem pode estar doente física ou mentalmente, ou ocupado, ou deprimido, e, por consequência, não se importar com quaisquer aproximações; uma recusa seria um golpe na vaidade dela. Entretanto, assim que ele dá esse primeiro passo e a ajuda a superar tal risco, coloca-se em pé de igualdade com ela e geralmente a considera bastante palatável.

*

O elogio usado por muitos para se referirem à esposa na verdade é dado ao próprio julgamento ao selecioná-la. Talvez isso decorra de um sentimento de verdade quanto ao ditado: um homem revela aquilo que é pela maneira como morre e pela escolha da esposa.

✱

Se educação ou advertência fossem de alguma valia, como poderia um Nero ser o aluno de Sêneca?

✱

O princípio pitagórico[2] de que o semelhante é conhecido unicamente pelo semelhante é verdadeiro em diversos aspectos. Isso explica como todo homem compreende o próprio semelhante apenas na medida em que se assemelha a ele; ou pelo menos possui um caráter semelhante. Aquilo de que um homem tem certeza de perceber em outro é justamente o que é comum a todos; ou seja, os elementos vulgares, mesquinhos ou comezinhos da nossa natureza; aqui, todo homem tem uma compreensão perfeita dos semelhantes dele; entretanto, a vantagem que um homem tem sobre outro não existe para o outro em si; por mais extraordinários que sejam os talentos em questão, jamais verá nada além do que ele mesmo possui, pela única razão de que isso é tudo o que ele quer ver. Caso haja alguma coisa sobre a qual esteja em dúvida, isso lhe dará uma vaga sensação de medo, misturada com ressentimento; porque é algo que ultrapassa a compreensão dele, logo lhe é desagradável.

---

2. Ver PORFÍRIO, *Vida de Pitágoras*.

É por isso que apenas a mente compreende a própria mente; por isso que as obras da genialidade são inteiramente compreendidas e valorizadas apenas por um gênio; e por isso deve ainda necessariamente levar muito tempo até que atraiam a atenção das mãos da multidão, mesmo que de forma indireta, para quem jamais existirão, em qualquer sentido que se prove verdadeiro. É também por isso que uma pessoa olhará o rosto de outra com a impudente certeza de nunca ver nada além de uma semelhança miserável de si mesma; isso é exatamente o que ela verá, porque não é capaz de compreender nada que esteja além disso. É daí que vem a ousadia com que um ser humano contradiz o outro. Até que, por fim, pela mesma razão, a intensa superioridade mental isola uma pessoa; é por isso que aqueles agraciados com grandes dons se mantêm afastados do vulgar (o que significa todos); pois, caso se misturassem com a multidão, poderiam se comunicar exclusivamente com as partes deles que são compartilhadas com a multidão e assim se tornarem *comuns*. Embora possuam certa reputação bem fundamentada e autoritária entre essa multidão, eles não demoram a perdê-la, e com isso se vai também qualquer peso pessoal que possa lhes abater, uma vez que todos são cegos para as qualidades nas quais ele se baseia, mas os olhos deles se abrem para tudo aquilo que se revela vulgar e comum a eles. Em pouco tempo descobrem a verdade do provérbio árabe: *brinque com um escravo e ele fugirá.*

Isso também acompanha o fato de que uma pessoa agraciada por grandes dons deve sempre refletir que a melhor parte dela está fora de vista nas nuvens quando se trata da relação com os demais; de modo que, caso deseje saber precisamente o quanto ela é capaz de ser para qualquer outra pessoa, só precisa considerar o quanto esse ser humano em questão significa para ela. Via de regra, isso é pouquíssimo; portanto, ela é tão desagradável para o outro quanto o outro é para ela.

Em algum lugar, Goethe afirma que o ser humano não deixa de ter uma veia de veneração em si. Para satisfazer a esse impulso venerador, mesmo naqueles que não têm noção do que realmente é digno de ser venerado, recebem substitutos para isso na forma de príncipes e famílias principescas, nobres, títulos, ordens e até bolsas cheias de dinheiro.

O desejo vago e o tédio são parentes próximos.

Quando uma pessoa está morta, não a invejamos mais; e apenas a invejamos pela metade quando ela está velha.

A misantropia e o amor à solidão são ideias mutáveis.

No xadrez, o objetivo do jogo, ou seja, dar xeque-mate no oponente, é de uma adoção arbitrária; há incontáveis formas possíveis de alcançá-lo; conforme fizermos uso prudente delas, por fim chegaremos ao nosso objetivo. Entramos no jogo escolhido por nós mesmos.

Isso não é diferente quando se trata da vida humana, embora nesse caso a entrada não seja escolha nossa, mas forçada a nós; já o objetivo, viver e existir, de fato às vezes parece proveniente de uma adoção arbitrária e do tipo que poderíamos abandonar, caso isso se fizesse necessário. Entretanto, no sentido estrito da palavra, esse é um objeto natural, o que significa que não podemos abandoná-lo sem desistir da própria existência em si. Se considerarmos a nossa existência uma obra de algum poder arbitrário externo a nós, na verdade devemos então admirar a astúcia por meio da qual essa mente criativa conseguiu nos fazer dar tanto valor a um objeto que não passa de algo momentâneo; algo que deve necessariamente ser colocado de lado muito em breve; e que além disso se revela pura vaidade conforme refletimos sobre a escolha de tornar esse objeto tão querido para nós, de tal forma que nos faz usar ansiosamente todas as nossas forças para trabalhar nele; embora soubéssemos desde o início que, assim que o jogo terminasse, o objeto não existiria mais para nós e que, no geral, não conseguimos dizer o que o torna tão atraente. Esse não parece um objetivo adotado de maneira tão arbitrária quanto o de dar xeque-mate no rei do oponente; todavia, estamos sempre atentos aos meios de alcançá-lo, sem pensar ou mesmo meditar sobre nada que não seja isso. Claro que a razão é o fato de que nosso intelecto só é capaz de olhar para fora e não tem poder algum de olhar para dentro; sendo assim, chegamos à conclusão de que devemos tirar o melhor proveito disso.

SOBRE A SABEDORIA DA VIDA: AFORISMOS

O filisteu simplório acredita que a vida é algo infinito, incondicionado, e então tenta encará-la e vivê-la como se nada ficasse a desejar. Já o filisteu erudito faz o mesmo por meio de método e princípio: ele acredita que seus métodos e princípios são perfeitos de uma forma incondicional e objetivamente válidos; de modo que, no momento em que os encontrar, não terá nada mais a fazer senão os aplicar às circunstâncias e, em seguida, aprovar ou mesmo condenar. Entretanto, a felicidade e a verdade não devem ser conquistadas dessa forma. Elas não passam de meros fantasmas daqueles que são enviados a nós, aqui, para assim nos inspirar a agir; o ser humano ordinário persegue a sombra da felicidade sob um trabalho incansável; já o pensador persegue a sombra da verdade; ambos, ainda que possuam apenas fantasmas, obtêm deles tanto quanto são capazes de apreender. A vida é uma linguagem na qual determinadas verdades nos são transmitidas; caso pudéssemos aprendê-las de outro jeito, não viveríamos. E é dessa forma que os ditados sábios e as máximas prudentes jamais compensarão a falta da experiência, nem mesmo substituirão a própria vida em si. Ainda assim, eles não devem ser desprezados, pois também fazem parte da vida; precisam ser profundamente estimados e considerados páginas soltas do livro da verdade que outros copiaram à medida que ele é lido pelo espírito do mundo. Mas essas páginas são imperfeitas, nunca poderão substituir a voz viva e verdadeira. E quando refletimos sobre o fato de que a vida, ou o livro da verdade, fala de uma maneira diferente para cada um de nós, isso se torna menos substitutivo ainda; como os apóstolos que pregaram no Pentecostes e instruíram a multidão, aparecendo diante de cada homem para assim falar na própria língua deles.

Reconheça a verdade em si mesmo e então reconheça-se na verdade; nesse mesmo instante você descobrirá, para o próprio espanto, que a casa que você em vão tanto procurou, que preencheu os seus sonhos mais apaixonados, está lá em sua inteireza, com cada detalhe verdadeiro, exatamente no lugar onde você está agora. É lá que o seu céu toca a sua terra.

O que nos torna quase inevitavelmente ridículos é o nosso jeito profundamente sério de tratar o momento que passa, como se ele necessariamente tivesse toda a importância que parece ter. Apenas algumas poucas mentes grandiosas estão acima dessa fraqueza; em vez de serem ridicularizadas, começaram a rir de si mesmas.

Os momentos brilhantes e bons da vida devem nos ensinar a agir corretamente quando estamos melancólicos, enfadonhos e até mesmo estúpidos, preservando a memória dos seus resultados; e esses momentos melancólicos, enfadonhos e estúpidos devem nos ensinar a ser modestos quando estamos nos sentindo brilhantes. Porque normalmente nos valorizamos de acordo com nossos melhores e mais brilhantes momentos; e aquelas ocasiões em que estamos fracos, entorpecidos e miseráveis não consideramos uma parte adequada de nós. Recordá-las há de nos ensinar a sermos modestos, humildes e tolerantes.

Pois lembre-se disso, meu caro amigo, e seja esperto. Os homens são completamente egocêntricos e incapazes de enxergar as coisas de maneira objetiva. Se você tivesse um cachorro e quisesse fazê-lo gostar de você, e imaginasse que, dentre as suas centenas de características raras e excelentes, o vira-lata com toda certeza perceberia uma, e isso por si só já seria suficiente para torná-lo um devoto seu de corpo e alma; ao imaginar isso acontecendo, você se mostra um tolo. Basta passar a mão na cabeça do animal e dar a ele algo para comer; quanto ao restante, seja o que você quiser: ele não se importará nem um pouco, e ainda assim será seu fiel e devotado cãozinho. Agora, acredite em mim, acontece exatamente a mesma coisa com os seres humanos, exatamente a mesma coisa. Como diz Goethe, seja homem ou cachorro, um miserável é um miserável.

> ***Denn ein erbärmlicher Schuft, so***
> ***wie der Mensch, ist der hund.***

Se você perguntar por que esses sujeitos desprezíveis têm tanta sorte, isso se dá unicamente pelo fato de que em si e para si mesmos eles não são nada. O valor que possuem é meramente comparativo; existem apenas para os outros; nunca são mais do que meios; nunca são um fim e um objeto em si mesmos; são mera isca, lançada para então apanhar os outros.[1] E não creio que essa regra admita qualquer exceção, isto é, exceções completas. É verdade que existem seres humanos que desfrutam de alguns momentos subjetivos, ainda que isso seja algo bastante raro; talvez haja alguns que, para cada cem momentos subjetivos, desfrutem de alguns poucos objetivos; porém, um estado mais elevado de perfeição raramente é testemunhado. No entanto, não se considere uma exceção: analise seu amor, sua amizade, e verifique se seus julgamentos objetivos não são essencialmente julgamentos subjetivos disfarçados; observe se você reconhece devidamente as boas qualidades de alguém que não gosta de você. E então seja tolerante: confunda-o! Esse é seu dever. Como

1. Tudo isso é expresso de forma bastante eufemística no verso de Sófocles: *charis charin gar estin ha tiktous aei.*

vocês são egocêntricos, reconheçam as próprias fraquezas. Você sabe muito bem que não é capaz de gostar de uma pessoa que não se mostra amigável; sabe que ela não pode fazer isso por muito tempo, a menos que goste de você; e que talvez ela não goste de você, a menos que você se mostre amigável com ela; então seja: aos poucos, a sua falsa amizade se tornará verdadeira. A sua própria fraqueza e subjetividade devem obter para si alguma ilusão.

Essa é realmente uma justificativa *a priori* de polidez; no entanto, eu poderia dar uma razão ainda mais profunda para isso.

Considere aquele acaso, que, com o erro (seu irmão), e a loucura (sua tia), e a malícia (sua avó), rejam este mundo; que a cada dia, a cada ano que passa, recebendo golpes fortes ou fracos, isso amargue a vida de cada filho da Terra, além da sua; afirmo ainda: considere que é a esse poder perverso que você deve a sua prosperidade, a sua independência; afinal, ele deu a você o que recusou a muitos milhares de outros, apenas para ser capaz de oferecê-lo a indivíduos como você. E ao lembrar de tudo isso, você não se comportará como se tivesse direito à posse dos seus dons; perceberá que uma amante caprichosa é aquela que lhe dá os favores dela; logo, quando ela colocar na cabeça que vai privar você de alguns ou de todos eles, você não fará tanto alarde sobre a injustiça que ela está cometendo; ao contrário, reconhecerá que aquilo que o acaso lhe ofereceu, o acaso tirou; caso se faça necessário, você observará que esse mesmo poder não é tão favorável a você quanto parecia ser até então. Ora, ela pode muito bem ter lhe privado não apenas daquilo que lhe deu, como também dos seus ganhos honestos e resultado de muito suor.

Mas se o acaso ainda assim permanecer tão favorável a você a ponto de lhe dar mais do que a quase todos os outros cujo caminho na vida você é capaz de analisar, ah, então seja feliz; não lute pela posse das suas dádivas; empregue-as da forma adequada; olhe para elas como sendo a propriedade mantida por um senhor caprichoso; use-as com sabedoria e bem.

O princípio aristotélico de manter a média em todas as coisas é inadequado para a lei moral ao qual se destina; mas pode facilmente ser a melhor regra geral da sabedoria mundana, o melhor preceito para uma vida feliz. Afinal, a vida é repleta de incertezas; por todos os lados há tantos desconfortos, fardos, sofrimentos, perigos, que uma viagem segura e feliz só pode ser realizada ao se navegar de forma cuidadosa em meio às rochas. Via de regra, o medo dos males que conhecemos nos leva aos males contrários; a dor da solidão, por exemplo, nos impele para a sociedade, já a primeira sociedade vem disso; os desconfortos da sociedade nos direcionam à solidão; nós trocamos um comportamento ameaçador por uma confiança descuidada, e assim por diante. Evitar um vício ao se precipitar em contrário disso é sempre um sinal de tolice:

> ***Stulti dum vitant vitia in contraria currunt.***

Ou então pensamos que encontraremos satisfação em algo e assim gastaremos todos os nossos esforços nisso; dessa forma, deixamos de prover a satisfação de uma centena de outros desejos que se fazem sentir em seu próprio tempo. Uma sensação de perda e omissão segue uma à outra, não existe fim para a miséria.

Maeden agan e *nil admirari* são, portanto, excelentes regras de uma sabedoria mundana.

Com certa frequência descobrimos que pessoas com vasta experiência são as mais francas e cordiais em suas relações, mesmo com completos estranhos pelos quais não têm o menor interesse. A razão disso é que as pessoas mais experientes sabem que é quase impossível manter qualquer tipo de relação mútua sendo sincero e aberto uns com os outros; mas ao mesmo tempo também sabem que sempre existe mais ou menos tensão entre eles, justamente por estarem cuidando dos próprios interesses, sejam eles imediatos ou remotos. Apesar de lamentarem o fato, têm plena consciência de que é dessa forma que ocorre; logo, deixam pessoas próximas e correm para os braços de um completo estranho; com uma confiança feliz, abrem o coração para ele. Dessa forma, monges e semelhantes, que já desistiram do mundo e são estranhos a ele, são pessoas boas, do tipo a quem recorrer em busca de conselhos.

*

É somente por meio da prática do autocontrole mútuo e da abnegação que somos levados a agir e conversar com outras pessoas; portanto, se precisamos conversar, isso só pode se dar com um sentimento de resignação. Afinal, se buscamos a sociedade, é porque queremos obter novas impressões a respeito de algo: porque elas vêm de fora e, por consequência, são estranhas a nós mesmos. Caso uma pessoa não tenha sucesso em perceber isso e não esteja disposta a praticar a resignação, ela se recusa absolutamente a negar a si mesma quando procura a companhia de outras pessoas; ou melhor, exige que os demais, completamente diferentes dela, sejam exatamente aquilo que ela quer que sejam por um momento, de acordo com o grau de educação que ela alcançou ou segundo os dons intelectuais ou humor dela; pois eu digo uma coisa: quem faz isso está em contradição consigo mesmo. Porque, embora queira alguém diferente de si mesmo, e deseje isso unicamente por ser diferente, por causa da sociedade e de novas influências, acaba exigindo que esse outro indivíduo se pareça de forma precisa com a criatura imaginária que concorda com seu humor; é desprovido de quaisquer pensamentos além daqueles que ele mesmo tem.

Tanto mulheres quanto homens são bastante sujeitos a esse tipo de subjetividade.

Certa vez, fiz algumas observações para Goethe. Reclamei sobre a ilusão e a vaidade da vida, do fato de que, quando um amigo está conosco, não pensamos nele da mesma forma que quando ele não está. Ao que ele me respondeu: "Sim! Porque o amigo ausente é na verdade você mesmo, ele existe apenas em sua mente; enquanto o amigo presente tem uma individualidade própria, ele se move de acordo com as próprias leis que o regem, algo que nem sempre pode estar de acordo com aquelas que você cria para si mesmo".

Ter um bom suprimento de resignação é essencialmente importante para prover a jornada da vida. É do tipo que precisaremos extrair das esperanças frustradas; quanto mais cedo fizermos isso, melhor para o restante da jornada.

Como um homem há de se contentar enquanto não consegue obter a unidade completa no mais íntimo ser dele? Afinal, enquanto duas vozes falam alternadamente sobre ele, o que é certo para um deve ser errado para o outro. Logo, ele está sempre reclamando. Mas por acaso alguém já esteve completamente de acordo consigo mesmo? O próprio pensamento não é em si uma contradição?

Atingir essa unidade interior é justamente a pretensão impossível e inconsistente apresentada por quase todos os filósofos.[2] Porque, para o homem, é natural estar em guerra consigo mesmo enquanto viver. Ainda que ele consiga ser apenas uma única coisa por completo, possui em si a disposição de ser todas as demais, além da possibilidade inalienável de sê-lo. Se ele escolhe uma única coisa, todas as outras possibilidades estão sempre abertas para ele, sob uma constante pretensão de serem realizadas; portanto, ele precisa mantê-las afastadas, dominá-las e matá-las continuamente enquanto quiser ser essa única coisa. Por exemplo, caso ele queira apenas pensar, sem precisar agir e fazer negócios, a disposição para essa última coisa não é destruída de uma vez só; porém, enquanto o pensador viver, ele possui todas as horas para continuar matando aquela pessoa atuante e impulsionadora que está dentro dele; eternamente lutando consigo mesmo, como se fosse um monstro cuja cabeça volta a crescer assim que é decepada. Da mesma forma, se ele estiver decidido a ser um santo, precisa se matar na medida em que é um ser que goza e se entrega ao prazer; para atingir tamanho fim, ele permanece dessa forma enquanto viver. Mas não é de uma vez por todas que ele precisa se matar: deve continuar fazendo isso por toda a vida. Se ele escolhe o prazer, qualquer que seja a maneira pela qual seja obtido, a luta vitalícia passa a ser contra um ser que deseja ser puro, livre e santo; porque assim

2. *Audacter licet profitearis, summum bonum esse animi concordian*, Sêneca.

a disposição permanece, e ele deve matá-la a cada instante. E isso serve para tudo, dadas as infinitas modificações; ora um lado, ora outro vence essa luta; ele mesmo é o campo de batalha. Se um lado está continuamente conquistando a vitória, o outro continuamente luta; pois a vida dessa batalha está ligada à dele, e como ser humano ele é em si mesmo a possibilidade de inúmeras contradições.

Mas como a unidade interior é possível sob tais circunstâncias? Ela não existe nem no santo, nem no pecador; ou melhor, a verdade é que nenhum homem é inteiramente um ou outro. Porque é o que ele deve ser, humano; tais seres são infelizes, lutadores e gladiadores na arena da vida.

Para ter certeza, a melhor coisa a fazer é reconhecer qual parte sofre mais com a derrota e, então, permitir que ela sempre vença. Isso é algo que o indivíduo sempre será capaz de fazer usando a própria razão, um estoque sempre presente de ideias. Se ele escolher, por vontade própria, suportar a dor que a derrota da outra parte envolve, isso se chama *caráter*. Pois a batalha da vida não pode ser travada sem que se sinta dor; não pode terminar sem que haja derramamento de sangue; seja como for, o ser humano vai sofrer com a dor, afinal ele é o conquistado tanto quanto é o conquistador. *Haec est vivendi conditio.*

Quando conversa, alguém inteligente pensa menos no que está dizendo do que na pessoa com quem está falando; logo, com certeza ele não dirá nada de que mais tarde se arrependa; está decidido a não se expor, a não cometer uma indiscrição. No entanto, a conversa jamais será particularmente interessante.

Uma pessoa intelectual faz o oposto com muita prontidão; nesse caso, muitas vezes o interlocutor não passa de uma mera ocasião para haver um monólogo; por diversas vezes acontece de o outro compensar o papel de subordinado espremendo a pessoa dotada de intelecto e extraindo os segredos dela.

*

Nada revela menos conhecimento sobre a humanidade do que supor que ter muitos amigos é alguma prova de mérito e valor intrínsecos: como se as pessoas se tornassem amigas com base em valor e mérito! Como se os seres humanos não fossem iguais aos cachorros, que simplesmente amam quem os acaricia e lhes dá pedaços de carne, nunca mais se preocupando com nada além disso! A pessoa que melhor sabe como agradar os que estão por perto, mesmo que sejam os brutos mais desagradáveis, é quem tem muitos amigos.

No fim das contas, é o inverso disso que se revela verdadeiro. Pessoas de grande valor intelectual, ou melhor, pessoas geniais podem muito bem ter pouquíssimos amigos; pois o olhar repleto de clareza em pouco tempo descobre todos os defeitos, o senso de retidão delas está sempre sendo ultrajado continuamente pela quantidade e pelo horror deles. Apenas a extrema necessidade é capaz de obrigar esses indivíduos a não traírem seus sentimentos, ou mesmo a tratarem os defeitos como se fossem lindos acréscimos. O amor pessoal (já que não estamos falando sobre a reverência conquistada por meio da autoridade) não pode ser conquistado por alguém dotado de genialidade, a menos que os deuses o tenham dotado de uma alegria indestrutível quanto ao temperamento; um olhar que faz do mundo um lugar bonito; a menos que aos poucos ele tenha conseguido aceitar os seres humanos exatamente da forma como são; isto é, fazendo de tolo justamente os tolos, como é certo e apropriado. Uma vez nas alturas, devemos esperar o fato de que seremos solitários.

O nosso constante descontentamento em grande parte está enraizado no impulso da autopreservação. Isso se transforma em uma espécie de egoísmo e torna um dever a máxima de que devemos sempre fixar a mente no que nos falta, para que possamos nos esforçar para obtê-lo. É dessa forma que estamos sempre empenhados em descobrir aquilo que queremos, em pensar sobre isso; no entanto, essa mesma máxima nos permite ficar sob um estado de imperturbabilidade e assim ignorar as coisas que já possuímos; no instante em que obtemos alguma coisa, damos muito menos atenção a ela do que dávamos antes. Raramente pensamos naquilo que temos, mas sempre estamos pensando naquilo que nos falta.

Essa máxima do egoísmo, que de fato tem suas vantagens em obter os meios para o fim que se tem em vista, acaba simultaneamente destruindo o objetivo final, ou seja, o contentamento; é como o urso da fábula que atira uma pedra no eremita para matar a mosca que pousa no nariz dele. Devemos esperar que a necessidade e a privação se manifestem, em vez de procurá-las. As mentes naturalmente satisfeitas fazem isso, enquanto as hipocondríacas fazem o inverso.

A natureza de um homem está em harmonia consigo mesma quando ele deseja ser apenas aquilo que é; o que significa que por experiência ele alcançou um conhecimento sobre a própria força e a própria fraqueza, fazendo uso de uma e escondendo a outra, em vez de jogar com moedas falsas e tentar mostrar uma força que na verdade não tem. Essa harmonia produz um caráter agradável e racional; pela simples razão de que tudo aquilo que constitui o homem lhe oferece as qualidades mentais e físicas que possui, isso nada mais é do que a manifestação da vontade dele; de fato, é aquilo que ele *deseja*. Logo, desejar ser diferente do que somos é a maior de todas as incoerências.

As pessoas dotadas de um temperamento estranho e curioso só podem ser felizes sob circunstâncias estranhas, do tipo que se adequam à sua natureza, da mesma forma que aquelas mais comuns se ajustam à pessoa comum; essas mesmas circunstâncias só podem surgir caso encontrem, de alguma maneira extraordinária, pessoas exóticas cujo caráter realmente seja diferente, ainda adequado a elas. Por isso indivíduos dotados de qualidades raras ou exóticas raramente são felizes.

Todo esse prazer advém do uso e da consciência do poder; a maior das dores que alguém pode sentir é a percepção de que seus poderes falham justamente quando quer usá-los. Por consequência, é vantajoso que cada pessoa descubra os poderes que tem e os que não tem. Pois então deixe que ela desenvolva aqueles poderes nos quais é preeminente e faça forte uso deles; deixe que siga o caminho onde tais poderes lhe serão úteis; e mesmo que ela precise vencer as próprias inclinações, é melhor que evite o caminho onde tais poderes se fazem necessários, afinal ela os possui apenas em um nível inferior. Dessa forma, frequentemente essa pessoa terá uma consciência agradável quanto à força e raramente uma dolorosa quanto à fraqueza; tudo ficará bem com ela. Contudo, se ela se deixar levar e fizer esforços que exijam um tipo de força bem diferente daquela na qual tem preeminência, vai experimentar o gosto da humilhação; esse talvez seja o sentimento mais doloroso com o qual alguém pode ser afligido.

Todavia, existem dois lados para tudo. O indivíduo com autoconfiança insuficiente em uma esfera sobre a qual tem pouco poder e que nunca está pronto para se aventurar, por um lado, sequer aprenderá a usar o pouco poder que tem; por outro, em uma esfera na qual ao menos poderia conseguir alguma coisa, haverá uma completa ausência de esforço; por consequência, o prazer também se fará ausente. Isso é sempre algo difícil de suportar; porque é impossível ficar completamente em branco em qualquer departamento do bem-estar humano sem sentir alguma dor.

Na fase da infância, não se tem noção do caráter inexorável das leis da natureza e da teimosia sob a qual tudo insiste em permanecer aquilo que é. A criança acredita que mesmo as coisas sem vida estão dispostas a ceder a ela; talvez porque se sinta uma unidade com a natureza ou, pelo simples desconhecimento do mundo, acredite que a natureza está disposta a ser amigável. Foi dessa forma que eu fui descoberto na minha infância, quando joguei meu sapato em um recipiente enorme cheio de leite e fiquei pedindo que o sapato pulasse para fora dali. Nenhuma criança fica receosa diante de animais até aprender que eles são mal-humorados e rancorosos. Mas reconhecemos que o caráter humano é inalterável não muito tempo antes de adquirirmos uma experiência madura; que nenhum pedido, representação, exemplo ou mesmo benefício fará alguém desistir de trilhar os próprios caminhos; mas que, ao contrário, todo indivíduo é obrigado a seguir o próprio modo de agir e de pensar, com a necessidade de uma lei da natureza; e ele sempre permanece o mesmo. Somente depois de termos um conhecimento claro e profundo sobre esse fato é que desistimos de tentar persuadir as pessoas, ou mesmo mudá-las e trazê-las para o nosso modo de pensar. Em vez disso, tentamos nos acomodar aos modos delas, conforme se tornam indispensáveis para nós, bem como nos manter afastados delas, se não pudermos concordar de maneira alguma.

Por fim, percebemos que, mesmo em questões de mero intelecto, embora as leis delas sejam as mesmas para todos e o sujeito em oposição ao objeto do pensamento não adentre realmente a individualidade, não há uma certeza de que toda a verdade de qualquer assunto possa ser comunicada para quem quer que seja; ou mesmo que qualquer um possa ser persuadido, talvez até compelido a concordar com ela; porque, como diz Bacon, *intelectus humanus luminis sicci non est*: a luz do intelecto humano é colorida graças ao interesse e à paixão.

*

É justamente pelo fato de que *toda felicidade é de caráter negativo* que, quando conseguimos estar perfeitamente à vontade, não temos a devida consciência dela. Tudo parece passar por nós de forma suave e gentil, dificilmente nos toca até que o momento acabe; e então esse sentimento positivo da falta de algo é o responsável por nos informar sobre a felicidade que então desapareceu; e somente nesse momento observamos que no fim falhamos em mantê-la firme e sofremos as dores da autocensura, bem como da privação.

*

Toda felicidade da qual um indivíduo desfruta e quase toda amizade que ele nutre baseiam-se na ilusão; isso acontece porque, via de regra, quanto maior o conhecimento, mais elas estão fadadas a desaparecer. Porém, tanto aqui quanto em qualquer outro lugar, é preciso buscar a verdade corajosamente, sem jamais se cansar de se esforçar para acertar as contas consigo mesmo e com o mundo. Não importa o que aconteça à direita ou à esquerda, seja uma quimera ou uma fantasia o que o faça feliz, deixe que ele tenha coragem e siga em frente, sem medo do deserto que se expande diante de seus olhos. Mas ele deve ter certeza de uma única coisa: sob nenhuma circunstância descobrirá qualquer falta de valor em si mesmo uma vez que o véu for erguido; a visão disso seria a Górgona o matando. Portanto, se ele quiser permanecer desenganado, permita-lhe sentir no íntimo o próprio valor. Afinal, sentir a falta dela não é apenas a maior, mas também a única aflição verdadeira; todos os demais sofrimentos mentais podem ser não apenas curados, mas também imediatamente aliviados pela consciência segura do valor. Uma pessoa que tem certeza absoluta disso pode encarar tranquilamente os sofrimentos que de qualquer outra forma a conduziriam ao desespero; embora ela não tenha prazeres, alegrias ou amigos, consegue repousar em si mesma; o conforto derivado de uma consciência vívida dessa vantagem é algo poderoso; um conforto preferível a todas as demais bênçãos terrenas. Ao contrário, nada no mundo é capaz de aliviar um indivíduo que conhece a própria inutilidade; tudo o que lhe resta fazer é ocultá-la, ao enganar as pessoas ou as ensurdecer com o barulho que ele faz; só que nenhuma dessas opções funcionará por muito tempo.

É preciso sempre tentar preservar as visões amplas. Ficar preso a detalhes o deixa confuso e com a visão turva. O sucesso ou o fracasso do momento e a impressão que causam não devem contar para nada.[3]

Como é difícil aprender a compreender e reconhecer com clareza aquilo que se quer antes de qualquer coisa; algo que é, portanto, mais imediatamente necessário para a nossa felicidade; e em seguida o que vem depois; então o que ocupa o terceiro e o quarto lugar, e assim por diante.

Contudo, sem esse conhecimento, a vida não tem planos, é como um capitão sem bússola.

A melancolia sublime, que nos leva a alimentar uma convicção viva sobre a inutilidade de tudo, de todos os prazeres e de toda a humanidade, o que por consequência nos leva a desejar nada e sentir que a vida não passa de um pesado fardo a ser carregado até um fim não muito distante, é um estado de espírito muito mais feliz do que qualquer estado de desejo; por mais alegre que possa ser, nos faria dar valor às ilusões mundanas e nos esforçar para alcançá-las.

---

3. Por alguma razão desconhecida, Schopenhauer escreveu esse comentário em francês. (Nota da tradução inglesa)

Aprendemos com a experiência, e claro, *a priori*, que um deles é justamente uma condição de ilusão e o outro, de conhecimento.

Casar-se ou não? Essa é uma questão que em muitos casos se resume ao seguinte: as preocupações do amor são mais suportáveis do que as ansiedades por um meio de subsistência?

*

O casamento é uma armadilha que a natureza cria para nós.[4]

*

Poetas e filósofos casados, exatamente por isso, incorrem na suspeita de que estão zelando pelo próprio bem-estar, e não pelos interesses da ciência e da arte.

*

Ter hábito é tudo. Portanto, estar calmo e imperturbável não passa do ato de antecipar um hábito; não precisar criá-lo é uma enorme vantagem.

*

"A personalidade é o elemento da felicidade maior." Assim como *dor* e *tédio* são os dois principais inimigos da felicidade humana, a natureza forneceu à nossa personalidade uma proteção contra ambos. Podemos afastar a dor, que geralmente se impõe mais à mente do que ao corpo, por meio da *alegria*; já o tédio pode ser afastado pela *inteligência*. Contudo, ne-

4. Também em francês. (Nota da tradução inglesa)

nhum deles se parece com o outro; em qualquer grau elevado que se coloque sob análise, eles talvez sejam até incompatíveis. Como observa Aristóteles, a genialidade está associada à melancolia; já pessoas inclinadas a serem muito alegres são inteligentes apenas na superfície. Portanto, quanto melhor alguém, por natureza, estiver armado contra um desses males, via de regra, pior estará contra o outro.

Não existe vida humana livre de dor e tédio; quando um indivíduo é exposto principalmente ao mal contra o qual a natureza o armou melhor, isso se revela um favor especial da parte do destino; isto é, o destino pode enviar muita dor para onde há um temperamento alegre demais para suportá-la e lazer demais para onde há excessiva inteligência, mas nunca o contrário. Afinal, se uma pessoa é inteligente, ela sente a dor de forma dupla ou tripla; já alguém de temperamento alegre, porém nada intelectual, considera a solidão e o lazer despreocupado coisas extremamente insuportáveis.

Na esfera do pensamento, o absurdo e a perversidade permanecem os mestres deste mundo, o domínio deles se faz ausente apenas por breves períodos. Na arte não é diferente; afinal, nela o trabalho genuíno, que raramente pode ser encontrado e ainda mais raramente apreciado, por repetidas vezes é expulso pela monotonia, insipidez e afetação.

E acontece exatamente a mesma coisa na esfera da ação. Bias afirma que a maioria das pessoas é ruim. A virtude é estranha a este mundo; o egoísmo não possui limites, a astúcia e a malícia estão sempre na ordem do dia. Enganar os jovens quanto a esse ponto é errado, porque mais tarde isso só os fará sentir que os professores foram os primeiros a enganá-los. Logo, se o objetivo é tornar o aluno um ser humano melhor dizendo a ele que os outros são excelentes, ele não será alcançado; seria mais adequado dizer: a maioria das pessoas é ruim, por isso você precisa ser melhor. Pelo menos, dessa forma ele seria mandado ao mundo já armado com uma visão astuta, em vez de precisar ser convencido pela experiência amarga do fato de que os professores estavam errados esse tempo todo.

Toda ignorância é perigosa, a maioria dos erros devem ser reparados. E aquele que carrega um erro sobre a própria cabeça até a morte e se mantém impune precisa de sorte.

*

Cada sucesso tem um efeito duplamente benéfico sobre nós quando, além da vantagem especial e material que traz consigo, vem acompanhado pela certeza animadora de que o mundo, o destino, ou o *daemon* interior não significa algo tão ruim para nós, nem é tão contrário à nossa prosperidade quanto imaginávamos; enfim, ele restitui em nós a coragem de viver.

Da mesma forma, todo e qualquer infortúnio ou mesmo a derrota, no sentido contrário, tem um efeito duplamente deprimente.

*

Se não estivéssemos tão exageradamente interessados em nós mesmos, a vida seria tão desinteressante que ninguém conseguiria suportá-la.

Em qualquer lugar do mundo, sob todas as circunstâncias, qualquer coisa só pode ser feita unicamente por meio da força; no entanto, o poder está principalmente em mãos ruins, porque a inferioridade pode ser encontrada por toda parte entre uma maioria temerosa.

E por que deveria ser tolice estar sempre empenhado em obter o maior prazer possível do momento em que se vive; logo essa que é a nossa única posse segura? Toda a nossa vida não significa mais do que um presente ampliado, tão fugaz em si mesmo.

Como consequência da individualidade e da posição em que se encontram, todos, sem qualquer exceção, vivem em certo estado de limitação, tanto naquilo que se refere às próprias ideias quanto às opiniões que desenvolve. A outra pessoa também é limitada, ainda que não da mesma forma; no entanto, se ela for capaz de compreender a limitação da outra, pode confundi-la e envergonhá-la; essa vergonha vem do ato de fazer com que ela perceba a própria limitação, mesmo que a outra seja, de longe, superior. As pessoas perspicazes costumam empregar essa circunstância no intuito de obter uma vantagem falsa e momentânea.

A única superioridade genuína é a da mente e a do caráter; todos os outros tipos são fictícios, pretensos, falsos; e é bom fazer com que as pessoas sintam que esse é o caso quando tentam se exibir diante de uma superioridade verdadeira.[5]

> ***O mundo inteiro é um palco,***
> ***Todos os homens e todas as mulheres***
> ***não passam de meros atores.***

Exatamente isso! Independente do que uma pessoa verdadeiramente é em si mesma, ela tem um papel a desempenhar, que o destino lhe impôs de fora, determinando a posição social dela, a educação e as circunstâncias que a rodeiam. A aplicação mais imediata dessa verdade me parece ser o fato de que, na vida, assim como no palco, devemos distinguir o ator e o papel dele; distinguir o ser humano em si mesmo da posição social e reputação dele, do papel que a posição e as circunstâncias lhe impuseram. Quantas vezes o pior ator acaba interpretando o rei e o melhor, o mendigo! Isso também pode acontecer na vida; uma pessoa precisa ser extremamente *grosseira* para confundir o ator com o papel que ele interpreta.

5. Também em francês. (Nota da tradução inglesa)

A nossa vida é tão pobre que nenhum tesouro do mundo pode torná-la rica; pois as fontes de prazer em pouco tempo se tornam extremamente escassas, procuramos em vão uma que sempre se mantenha fluindo. Por conseguinte, no que tange ao nosso próprio bem-estar, existem apenas duas formas por meio das quais conseguimos finalmente fazer uso da riqueza. Podemos gastá-la com toda pompa ostensiva e nos alimentar do respeito barato que a nossa glória imaginária nos trará a partir de uma multidão apaixonada; ou evitar todas as despesas que não nos façam bem, podendo assim deixar a nossa riqueza aumentar, para obter um baluarte contra o infortúnio e a necessidade que será cada dia mais forte, cada dia melhor; em vista do fato de que a vida, mesmo com os poucos prazeres, é rica em males.

É justamente pelo fato de que o nosso ser verdadeiro e mais íntimo é a *vontade*, que só por meio de seu exercício conseguimos atingir uma consciência vívida da existência, ainda que quase sempre isso venha acompanhado de dor. Por isso a existência é essencialmente dolorosa e muitos, para cujas necessidades são feitas provisões completas, organizam seu dia de acordo com hábitos extremamente regulares, monótonos e predefinidos. Dessa forma, evitam toda a dor que o movimento da vontade é capaz de produzir; no entanto, por outro lado, toda a sua existência se torna uma série de cenas e imagens que não significam nada. Eles mal sabem que existem. Contudo, essa é a melhor forma de acertar as contas com a vida, desde que haja uma troca suficiente para evitar o tédio atroz. Fica ainda melhor se as Musas concederem ao indivíduo alguma ocupação digna, de modo que as imagens que preenchem a sua consciência tenham algum significado, mas não relacionado com a vontade dele.

*

Alguém só é *sábio* se viver em um mundo repleto de tolos.

GENIALIDADE E VIRTUDE

Quando eu penso, é o espírito do mundo que se esforça para expressar o pensamento dele; é a natureza que tenta conhecer e sondar a si mesma. Não são os pensamentos provenientes de alguma outra mente que estou tentando rastrear aqui; pois sou eu que transformo tudo aquilo que existe em algo conhecido e pensado, de outra forma não existiria e nem mesmo continuaria nela.

Por milhares de anos, no reino da física, o fato de que a água era um elemento simples e, portanto, original, foi considerado inquestionável. Da mesma forma, agora no reino da metafísica, por um período ainda mais longo se sustentou o fato de que o ego era uma entidade simples e, por consequência, indestrutível. Contudo, eu evidenciei que na verdade é composto por duas partes heterogêneas, isto é, a *Vontade*, metafísica no próprio caráter, uma coisa em si, e o *sujeito cognoscente*, físico e um mero fenômeno.

Portanto, deixe-me ilustrar o que eu quero dizer com isso. Pegue como exemplo qualquer edifício grande, sólido e pesado: esse corpo rígido e imponente que preenche tanto espaço existe, eu afirmo, apenas na massa cinzenta do cérebro. É apenas ali, no cérebro humano, que isso é dotado de qualquer existência. E a menos que você entenda isso, não consegue avançar.

Na verdade, o próprio mundo é em si um milagre; esse mundo dos corpos materiais. E eu olhei para dois deles. Ambos eram pesados, simétricos e belos. Um deles era um vaso de jaspe com alça e aro dourados; o outro era um organismo, um animal, um ser humano. Depois de ter admirado por tempo o bastante o exterior dele, pedi ao meu genial assistente que me permitisse analisar o interior do objeto; então fiz isso. Não encontrei nada no vaso senão a força da gravidade e certo desejo obscuro, que assumiu a forma de uma afinidade química. Porém, quando entrei no outro... como eu poderia expressar o meu espanto diante daquilo que vi? É mais incrível do que todos os contos de fadas e fábulas já concebidos. Contudo, tentarei descrevê-lo, mesmo correndo o risco de não conseguir empregar credibilidade à minha história.

Nesse segundo corpo, mais precisamente na parte superior dele, chamada cabeça, que do lado de fora se parece com qualquer outra coisa, um mero corpo no espaço, pesado e afins, não encontrei menos objeto do que o próprio mundo inteiro, juntamente com todo o espaço em que tudo existe; todo o tempo em que tudo se move; e por fim tudo aquilo que preenche o tempo e o espaço em todo caráter variado e infinito de ambos; foi a visão mais estranha de todas, eu me vi andando naquilo! Não era uma foto que eu via; não era uma apresentação de ilusionismo, mas a própria realidade. Isso é o que realmente pode ser encontrado em algo não muito maior do que um repolho; e no qual, vez ou outra, um carrasco pode desferir um golpe e, de repente, sufocar aquele mundo sob a escuridão e a noite. Digo que o mundo desapareceria, as cabeças não cresceriam como cogumelos, não haveria muitas delas sempre tão prontas para agarrá-lo enquanto ele se afunda no nada, e assim mantê-lo funcionando como uma bola. Esse mundo é uma ideia que todos têm em comum e expressam a comunidade do seu pensamento por meio da palavra "objetividade".

Perante tamanha visão eu me senti como se fosse Arjuna quando Krishna apareceu para ele como uma verdadeira majestade, com os cem mil braços, olhos e bocas.

Quando vejo uma paisagem tão ampla e percebo que ela surge graças à operação das funções do meu cérebro, isto é, do tempo, do espaço e da casualidade, em determinados pontos que se acumularam na minha retina, sinto que na verdade eu carrego isso dentro de mim. Tenho uma consciência que se revela extraordinariamente clara quanto à identidade de meu próprio ser para com o mundo externo.

Nada oferece uma ilustração tão vívida dessa identidade quanto um *sonho*. Pois nele as outras pessoas parecem totalmente distintas de nós, parecem ter a mais perfeita objetividade, além de uma natureza bem diferente da nossa, e que muitas vezes nos confunde, surpreende, espanta ou mesmo aterroriza; entretanto, isso é tudo o nosso próprio eu. O mesmo acontece com a vontade, que sustenta o mundo externo inteiro e assim lhe dá vida; essa é a mesma vontade que está em nós, e só aí temos consciência imediata dela. Todavia, o intelecto, seja em nós mesmos, seja nos outros, é aquilo que torna possíveis todos esses milagres; afinal, o intelecto em toda parte divide o ser atual em sujeito e objeto; é um salão de mistérios fantasmagóricos, maravilhoso de uma forma inexprimível, incomparavelmente mágico.

É verdade que a diferença de grau de poder mental, que estabelece um abismo tão profundo entre um gênio e um mortal comum, jaz em nada mais do que um desenvolvimento mais ou menos perfeito do sistema cerebral. Contudo, essa mesma diferença é tão importante porque todo o mundo real onde vivemos e por onde nos movemos só existe em relação a esse sistema cerebral. Dessa forma, a diferença entre um gênio e um indivíduo comum é uma diversidade de mundo completa e de existência. A diferença entre o ser humano e os animais inferiores pode ser explicada de modo semelhante.

Conta-se que Momus pediu uma janela no próprio peito, e quando isso ocorreu, tal pedido se mostrou uma piada alegórica, não conseguimos sequer imaginar que um artifício tão ambicioso seja uma possibilidade; entretanto, seria bem possível imaginar que o crânio e os invólucros dele fossem transparentes, imagine só que diferenças veríamos no tamanho, no formato, na qualidade, no movimento do cérebro! Imagine os níveis elevados de valor disso! Um grande cérebro inspiraria tanto respeito à primeira vista quanto três estrelas fincadas no peito de um homem, mas que sujeito miserável teria o peito rasgado para poder usá-las!

Os indivíduos dotados de genialidade e intelecto, todos aqueles cujas qualidades mentais e teóricas são extremamente mais desenvolvidas do que as morais e práticas, pessoas que, se fosse possível resumir dessa forma, têm mais mente do que caráter, na maioria das vezes não passam de meros desajeitados e ridículos quando o que está em jogo são as questões da vida diária, como bem observado por Platão no sétimo livro *República* e retratado por Goethe em *Tasso*; mas, do ponto de vista moral, muitas vezes são criaturas ao mesmo tempo fracas e desprezíveis; quase podem ser chamadas de pessoas más. E Rousseau nos deu exemplos genuínos sobre isso. Entretanto, aquela melhor consciência fonte de todas as virtudes na maioria das vezes se faz mais forte nelas do que em muitas daquelas cujas atitudes são mais nobres que os pensamentos; antes, é possível afirmar que quem pensa de um jeito nobre conhece melhor a virtude, enquanto os demais a praticam melhor. Cheios de zelo por aquilo que é bom e belo, de bom grado eles voariam para o céu em linha reta; porém, os elementos mais grosseiros desta Terra se opõem a tal fuga, e eles então afundam mais uma vez. São como artistas natos, que não possuem qualquer conhecimento técnico, ou que acham o mármore duro demais para os seus dedos. Certas vezes, um indivíduo com muito menos entusiasmo pelo bem e um conhecimento extremamente superficial das suas profundezas, se comparado, faz disso algo melhor na prática; ele despreza os nobres pensadores e tem o direito de fazê-lo; no entanto, não os entende, e eles por sua vez o desprezam, mas não injustamente. São eles os culpados; afinal, todo ser humano vivo, justamente pelo fato de viver, assinou as condições de vida; entretanto eles são ainda mais dignos de pena. Alcançam sua redenção não pelo caminho da virtude, mas por um caminho próprio; e eles são salvos pela fé, e não pelas obras.

Quem é desprovido de genialidade não suporta a solidão: não tem prazer na contemplação da natureza, do mundo. E isso decorre do fato de que jamais perde de vista a própria vontade, portanto não enxerga nada referente aos objetos do mundo; tais indivíduos veem a influência desses objetos na própria vontade, em si mesmos. Quanto a objetos sem muita influência, dentro deles soa uma nota constante: *Isso não significa nada para mim*, base fundamental de qualquer música. Dessa forma, o aspecto de todas as coisas parece sombrio, obscuro, estranho e hostil para eles. Parecem ter quaisquer faculdades perceptivas unicamente por meio da vontade deles próprios; e de fato, sua vida possui apenas uma tendência moral e não teórica, apenas um valor moral e não intelectual. Os animais inferiores inclinam a cabeça para o chão, porque tudo o que querem ver é aquilo que diz respeito ao seu bem-estar, jamais contemplam as coisas de um ponto de vista verdadeiramente objetivo. É muito raro indivíduos não intelectuais fazerem verdadeiro uso da sua posição ereta, somente movidos por alguma influência intelectual externa a eles.

Já aquele dotado de intelectualidade ou genialidade, por outro lado, tem mais o caráter do sujeito eterno que conhece do que o do sujeito finito que quer; o conhecimento dele não é totalmente absorto e cativado pela própria vontade, vai além dela; ele é filho, *não da escravidão, e sim da liberdade*. Não se trata apenas de uma tendência moral, mas teórica também, que se evidencia na vida dele; talvez seja possível afirmar que até certo ponto ele está além da moralidade. É totalmente incapaz de cometer uma grande vilania; a consciência dele é menos oprimida pelo pecado comum do que a da pessoa comum, porque a vida, de certa forma, é um jogo, e ele vê através dela.

A relação entre *genialidade* e *virtude* é determinada pelas considerações que virão a seguir. O vício é um impulso tão violento da vontade, cheio de exigências, que afirma a própria vida ao negar a dos outros. O único tipo de conhecimento útil à vontade é que determinado efeito é produzido por determinada causa. A própria genialidade é um tipo de conhecimento, ou melhor, um tipo de ideia; e é um conhecimento que não se preocupa com nenhum princípio de causalidade. A pessoa que se dedica ao conhecimento desse caráter não está presa às exigências da vontade. Toda e qualquer pessoa que se dedica à contemplação puramente objetiva do mundo (o que se entende por conhecimento das ideias) perde completamente de vista a própria vontade, os próprios objetos; não presta mais atenção aos próprios, na verdade se torna uma inteligência pura, livre de qualquer mistura de vontade.

Portanto, onde quer que a devoção ao intelecto predomine sobre a preocupação com a vontade e os objetos dela, isso só revela que a vontade humana não é o elemento principal no ser; na verdade, ela é fraca se comparada proporcionalmente à inteligência. O desejo violento, fonte de todos os vícios, jamais permite chegar à contemplação pura e desinteressada do mundo, livre de qualquer relação com a vontade, tal como constitui a qualidade da genialidade; todavia, aqui a inteligência permanece escrava da vontade.

Uma vez que a genialidade consiste na percepção de ideias, e as pessoas geniais *contemplam* o seu objeto, pode-se afirmar que apenas o olho é uma evidência genuína de genialidade. Afinal, o olhar contemplativo tem algo firme e vívido em si; nos olhos do gênio, como acontece com Goethe, frequentemente a membrana branca sobre a pupila fica visível. Em pessoas violentas ocorre o mesmo, mas por uma causa diferente, a membrana pode ser distinguida com facilidade pelo fato de os olhos rolarem para cima. Pessoas desprovidas de qualquer genialidade não têm interesse na ideia expressa por um objeto, e sim apenas nas relações que esse objeto mantém com os outros e, por fim, com elas mesmas. Fato é que nunca se entregam à contemplação, ou em pouco tempo a encerram, raras são as vezes em que fixam os olhos em qualquer objeto por muito tempo; dessa forma, não há em seus olhos essa marca de genialidade que descrevi. O filisteu comum faz exatamente o oposto de contemplar, ele na verdade espia. Se olha para alguma coisa, é para se intrometer; como pode ser especialmente observado quando ele semicerra os olhos, o que costuma fazer para então ver com mais clareza. Com toda certeza, nenhum gênio verdadeiro faz isso, pelo menos não habitualmente, mesmo que seja míope.

O que eu disse ilustra de forma suficiente o conflito entre genialidade e vício. Contudo, frequentemente a genialidade é acompanhada por uma vontade intensa; e tão pouco quanto os seres humanos dotados de genialidade foram patifes consumados, também nunca foram santos perfeitos.

Pois me deixe explicar. A virtude não é exatamente uma fraqueza positiva da vontade; ao contrário, é uma restrição intencional imposta à violência dela por meio de um conhecimento também dela no ser mais íntimo de si mesma, conforme manifestado no mundo. Esse conhecimento sobre o mundo, cujo ser íntimo só é comunicável por meio de ideias, é comum tanto ao gênio quanto ao santo. A distinção entre os dois é que o gênio revela o próprio conhecimento ao transmiti-lo de alguma forma escolhida por si mesmo, o produto disso é a arte. Já o santo, como tal, não possui qualquer faculdade direta; ele faz uma aplicação imediata do seu conhecimento à sua própria vontade, conduzida dessa forma na direção de uma negação do mundo. Para o santo, o conhecimento não passa de um meio para um fim, enquanto o gênio permanece no estágio do conhecimento, tem prazer a partir disso, revelando-o ao traduzir aquilo que sabe na própria arte.

Já na hierarquia da organização física, a força de vontade vem acompanhada por um crescimento correspondente nas faculdades inteligentes. Um grau elevado de conhecimento, assim como se faz presente no gênio, pressupõe uma vontade poderosa, contudo ao mesmo tempo é uma vontade subordinada ao intelecto. Em outras palavras: tanto o intelecto quanto a própria vontade são fortes, porém o intelecto é o mais forte dentre os dois. A menos que, como acontece com o santo, o intelecto seja aplicado imediatamente à vontade, ou, como no caso do artista, encontre seus prazeres na reprodução de si mesmo, a vontade permanece indomada. Qualquer força que ela seja capaz de perder se deve à predominância da pura inteligência objetiva, que se preocupa com a contemplação das ideias, e não está, como acontece no caso do indivíduo comum ou daquele que é mau, completamente ocupada com os objetos da vontade. Nesse ínterim, quando o gênio já não está mais ocupado com a contemplação das ideias, e a inteligência dele mais uma vez é aplicada à sua vontade e aos seus objetos, esta é despertada em toda a força que possui. Dessa forma, os seres humanos dotados de genialidade na maioria das vezes têm desejos bastante violentos, são viciados em prazeres sensuais, têm raiva. Porém, não cometem grandes crimes, porque, quando surge oportunidade para tal, eles mesmos reconhecem a ideia, a veem de forma extremamente vívida e clara. A inteligência deles é então dirigida para a ideia, e assim ganha a predominância sobre a vontade, muda seu curso, como acontece com o santo; e por fim o crime nunca é cometido.

Então, eis que o gênio em algum grau sempre participa das características do santo, pois ele é dotado da mesma qualificação; e vice-versa, o santo sempre participa em algum grau das características do gênio.

O caráter de boa índole, algo que é comum, deve ser distinguido do santo justamente pelo fato de consistir em uma fraqueza de vontade, acompanhada de uma fraqueza de intelecto um pouco menos acentuada. Um grau inferior de conhecimento do mundo, de acordo com o que foi revelado nas ideias expostas aqui, suficiente para controlar e doutrinar uma vontade fraca em si mesma. A genialidade e a santidade estão muito distantes da boa índole, que por sua vez é essencialmente fraca em todas as suas manifestações.

Além de tudo o que eu disse anteriormente, pelo menos bastante coisa ficou clara. O que aparece sob as formas de tempo, espaço e casualidade, desaparece uma vez mais e na realidade não é nada, revela a nulidade que possui pela morte; essa aparência viciosa e fatal é a vontade. No entanto, aquilo que não aparece e não é um fenômeno, mas um número; aquilo que torna a aparência possível; aquilo que não está sujeito ao princípio da causalidade e, por consequência, não tem uma existência vã ou mesmo evanescente, mas permanece eternamente imutável em meio a um mundo repleto de sofrimento, como um raio de luz sob uma tempestade; portanto livre de todas as dores e fatalidades; eu digo que isso sim é a inteligência. O indivíduo que é mais inteligência do que vontade é então libertado, em relação à maior parte dele, ao nada e à morte; e assim, por natureza, é um gênio.

Pelo próprio fato de viver e trabalhar, o ser humano dotado de genialidade se sacrifica inteiramente em prol do interesse de todos. Por conseguinte, ele está livre da obrigação de fazer um sacrifício particular pelos indivíduos; dessa forma, é capaz de recusar inúmeras demandas que outros são justamente obrigados a atender. Ele sofre e conquista mais do que todos os outros.

A mola propulsora que leva o gênio a desenvolver suas obras não é a fama, até porque esta é uma qualidade extremamente incerta; quando vista de perto, tem pouco valor. Quantidade alguma de fama compensará o trabalho que se tem para alcançá-la:

> ***Nulla est fama tuum par***
> ***oequiparare laborem.***

Nem o deleite que alguém tem no trabalho; pois isso também é algo superado pelo esforço que precisa fazer. É antes de tudo um instinto *sui generis*; em virtude do qual o gênio é levado a expressar aquilo que vê e sente em alguma forma perene, sem ter consciência de qualquer outro motivo.

É notório o fato de que o impulso que leva um indivíduo a se sacrificar pela própria espécie e viver mais na espécie do que em si mesmo tem certa semelhança com as modificações do impulso sexual, tão peculiares ao ser humano. As transformações às quais eu me refiro são justamente aquelas que confinam esse impulso a determinados indivíduos do sexo oposto, por meio dos quais os interesses da espécie são atingidos. Pode-se dizer que os indivíduos ativamente afetados por esse impulso se sacrificam em prol da espécie, pela paixão mútua e pelas condições desvantajosas que assim lhes são impostas; em suma, pela instituição do casamento. É possível afirmar ainda que servem aos interesses da espécie, e não aos do indivíduo.

De uma forma superior, o instinto do gênio faz pela ideia aquilo que o amor apaixonado faz pela vontade. Em ambos os casos há prazeres e dores peculiares, reservados aos indivíduos que então servem aos interesses da espécie; eles vivem em um estado de poder intensificado.

O gênio que decide de uma vez por todas viver para os interesses da espécie da maneira que escolhe não está preparado nem é chamado a fazer isso diferentemente. A perpetuação do nome de alguém sendo feita de ambas as formas não deixa de ser um fato curioso.

Na música, as melhores composições são as mais difíceis de serem compreendidas. Elas são apenas voltadas para a inteligência treinada. São movimentos longos, nos quais somente após um caminho extremamente labiríntico se recupera a nota fundamental. É exatamente assim que acontece com o gênio; apenas depois de um percurso de luta, dúvida, erro, muita reflexão e vacilação que as mentes grandiosas atingem o equilíbrio. É o pêndulo mais longo que faz o maior balanço.

As mentes pequenas em pouco tempo se veem sob um acordo consigo mesmas, com o mundo e então fossilizam; porém, as demais florescem e estão sempre vivas, em movimento.

A essência do gênio é uma medida de poder intelectual muito além do que é necessário para servir à vontade do indivíduo. No entanto, essa mesma medida tem um caráter meramente relativo, pode ser alcançada ao se diminuir o grau da vontade, bem como ao se elevar o do intelecto. Existem pessoas cujo intelecto predomina sobre a própria vontade, ainda assim não são dotadas de genialidade em nenhum sentido que se revele adequado. Seus poderes intelectuais de fato excedem o comum, embora não em uma vasta extensão, contudo a vontade é fraca. Elas não nutrem desejos violentos em si; logo, estão mais preocupadas com o mero conhecimento do que com a satisfação de quaisquer objetivos que sejam. Essas pessoas são dotadas de talento; são inteligentes e ao mesmo tempo extremamente contentes e alegres.

Uma mente clara, alegre e razoável, como a responsável por levar felicidade ao ser humano, depende da relação estabelecida entre o intelecto dela e a vontade; relação essa em que o intelecto se faz predominante. Todavia, a genialidade e uma mente grandiosa dependem da relação entre o intelecto de uma pessoa e o de outras; uma relação na qual o intelecto dessa pessoa precisa exceder o das demais, ao mesmo tempo que a vontade também pode ser proporcionalmente mais forte. Essa é a razão pela qual genialidade e felicidade não necessariamente precisam coexistir.

Quando o indivíduo se sente perturbado por conta de preocupações, ou mesmo pelos prazeres, talvez por estar sendo torturado pela violência dos próprios desejos e das próprias vontades, o gênio se vê acorrentado e não consegue mais se mover. Apenas quando cuidado e desejo silenciam é que o ar fica suficientemente livre para o gênio conseguir viver nele. É assim que os laços da matéria são deixados de lado e o espírito puro, aquele sujeito genuíno e sábio, permanece. Por consequência, caso uma pessoa seja dotada de alguma genialidade, deixe então que se proteja da dor, mantenha as preocupações à distância e limite os próprios desejos; mas deixe que satisfaça ao máximo aqueles que ela não consegue suprimir. Essa é a única maneira por meio da qual ela fará o melhor uso de sua rara existência, para o próprio prazer e o benefício do mundo.

Lutar contra necessidades, preocupações ou desejos, cuja satisfação é recusada e proibida, é um trabalho bom o bastante para aqueles que, caso se vissem livres deles, precisariam lutar contra o tédio e, dessa forma, adotar práticas ruins; todavia, isso não vale para o indivíduo cujo tempo, se for bem usado, renderá frutos nos séculos vindouros. Como diz Diderot, ele não é apenas um ser moral.

As leis mecânicas não se aplicam na esfera da química, nem as químicas se aplicam na esfera em que a vida orgânica ascende. Da mesma forma, as regras válidas às pessoas comuns não serão de qualquer valia para as excepcionais, tampouco os mesmos prazeres.

Uma atividade persistente e ininterrupta constitui a mente superior. O objeto para o qual essa atividade é direcionada tem um valor secundário quanto à importância; não possui qualquer relação essencial com a superioridade em questão, apenas com o indivíduo que a possui. Tudo que a educação pode fazer é determinar a direção a ser tomada por essa atividade; essa é a razão pela qual a natureza de uma pessoa é muito mais importante do que a educação que ela teve. Porque a educação em si está para a faculdade natural como um nariz de cera está para um verdadeiro; ou para o que a Lua e os planetas representam em relação ao Sol. Em virtude da educação que possui, alguém diz não o que pensa por conta própria, mas aquilo que outros um dia pensaram e ele então aprendeu como se faz em um treinamento; o que ele faz não é aquilo que deseja, apenas o que está acostumado a fazer.

Os animais inferiores desempenham incontáveis funções inteligentes de maneira muito melhor do que o ser humano; por exemplo, a descoberta do caminho de volta ao lugar de onde vieram, o reconhecimento de indivíduos e assim por diante. Dessa mesma forma, em muitas ocasiões na vida real o gênio é incomparavelmente menos igual e adequado que o homem comum. E ainda vou além: assim como os animais jamais cometem uma loucura no sentido estrito da palavra, o homem mediano não está exposto à loucura no mesmo grau que o gênio.

O ser humano comum está inteiramente relegado à esfera do *ser*; já o gênio vive e se move principalmente na esfera do *conhecimento*. Isso dá origem a uma dupla distinção. Em primeiro lugar, uma pessoa é capaz de ser apenas uma coisa, no entanto pode *conhecer* inúmeras outras coisas e, dessa forma e até certo ponto, identificar-se com elas ao participar daquilo que Spinoza chama de seu *esse objetivum*. Em segundo lugar, o mundo, pelo menos como observei em outro lugar, é bastante agraciado quanto à aparência, mas na realidade se revela terrível; pois o tormento é a condição de toda a vida.

Isso se dá a partir da primeira dessas distinções, a de que a vida do ser humano mediano é essencialmente um dos maiores tédios que existem; assim vemos os ricos guerreando contra o tédio com tanto esforço e tão pouco descanso quanto os pobres lutam contra a necessidade e as adversidades. E a partir da segunda vem o fato de que a vida do ser humano mediano é permeada por uma gravidade monótona, turva, uniforme; enquanto a testa do gênio brilha com a alegria de quem possui um caráter único; embora ele tenha as próprias tristezas, sendo elas mais pungentes do que as de um alguém ordinário, mais uma vez irrompe como o sol através das nuvens. E essa qualidade fica mais evidente nele quando o gênio é apossado de uma aflição que afeta os demais tanto quanto a si mesmo; só assim ele é visto como alguém que sozinho pode rir, se comparado com o animal do campo, que vive uma vida séria e monótona.

É a maldição da genialidade que, na mesma medida em que os outros o considerem grandioso e digno de admiração, ele os considere criaturas pequenas, miseráveis. Durante toda a vida, o gênio precisa suprimir tal opinião; e via de regra suprime as nutridas sobre ele também. Enquanto isso, ele está condenado a viver em um mundo sombrio, onde não encontra um igual, como uma ilha desprovida de habitantes exceto macacos e papagaios. Além disso, está sempre preocupado com a ilusão de que à distância um macaco se parece com um ser humano.

Pessoas comuns se deliciam com as falhas e loucuras dos grandes nomes; e esses seres humanos grandiosos ficam igualmente aborrecidos ao serem lembrados do parentesco que compartilham com elas.

A verdadeira dignidade de um indivíduo genial ou dotado de profundo intelecto, o traço que o eleva acima dos demais e faz dele alguém digno de respeito, no fundo seria o fato de que a única parte imaculada e inocente da natureza humana, isto é, o intelecto, tem vantagem sobre ele? E ainda prevalece; ao passo que, no outro, não há nada além de uma vontade pecaminosa e tanto intelecto quanto se faz necessário para guiar os passos dele, raramente mais e muito frequentemente menos; e de que isso serve?

A mim parece que a genialidade pode ter sua raiz em certa perfeição e nitidez da memória, ao abarcar os eventos da vida passada. Afinal, é unicamente por meio da memória, que faz da nossa vida em sentido estrito um todo completo, que alcançamos uma compreensão mais profunda e abrangente dela.